REASONING SKILLS SUCCESS

CON INSTRUCCIONES EN ESPAÑOL

Elizabeth Chesla

Translated by Antoinette Hertel

New York

Copyright © 2001 LearningExpress, LLC.

All rights reserved under International and Pan-American Copyright Conventions. Published in the United States by LearningExpress, LLC, New York.

Library of Congress Cataloging-in-Publication Data:
Chesla, Elizabeth L.
    [Reasoning skills success in 20 minutes a day. Spanish]
    Reasoning skills success con instrucciones en español / Elizabeth Chesla.
       p. cm.
    ISBN 1-57685-372-1
    1. Reasoning (Psychology)   I. Title.
BF442.C48 2001
153.4'3—dc21   00066421

Printed in the United States of America
9 8 7 6 5 4 3 2 1
First Edition

For more information on LearningExpress, other LearningExpress products, or bulk sales, write to us at:
    LearningExpress™
    900 Broadway
    Suite 604
    New York, NY 10003

Or visit us at: www.learnatest.com

Author Biographies

Elizabeth Chesla, M.A., is an adult educator and curriculum developer at Polytechnic University in New York. She is the author of *Reading Success*, *Read Better, Remember More*, and *Improve Your Writing for Work*. She resides in Brooklyn, New York.

Antoinette Hertel is a Ph.D. candidate at New York University in the Department of Spanish and Portuguese Languages and Literatures. She teaches Spanish at NYU and translates academic, literary, commercial, and instructional texts. She has traveled extensively throughout Latin America and Spain for study, research, conferences, and pleasure.

Un aviso importante para los que obtengan una copia de este libro en la biblioteca

Si usted ha sacado este libro de la biblioteca pública o de la institución educativa a la que está afiliado, evite escribir directamente en él y anote sus respuestas en un cuaderno propio para que otros lectores de la misma biblioteca puedan usarlo también. Le agradecemos su ayuda y su consideración por los demás.

LearningExpress
Skill Builders Series

Introduciendo una nueva serie que le ayudará a adquirir rápidamente nuevas técnicas básicas. Cada libro ofrece sugerencias y técnicas además de un suficiente número de ejercicios en la práctica de nuevas habilidades. Ideal para individuos que se están preparando a tomar un examen estandarizado. Altamente recomendado para aquellas personas que necesitan mejorar las habilidades que los conduzcan al éxito.

Practical Math Success
Reading Comprehension Success
Reasoning Skills Success
Vocabulary & Spelling Success
Writing Skills Success

Todos los libros de la serie Learning Express están disponibles en librerías locales o llámenos sin costo alguno al teléfono 888-551-JOBS.

ÍNDICE

Introducción Cómo usar este libro ... xi

Prueba de evaluación inicial ... 1

Lección 1 • Las capacidades del razonamiento y pensamiento crítico ... 17
La importancia del pensamiento crítico y las capacidades del razonamiento, justificación de decisiones, diferencia entre razón y emoción

Lección 2 • Estrategias para la resolucíon de problemas ... 23
Identificar la cuestión central de un problema y sus partes, priorizar cuestiones

Lección 3 • Pensar *versus* saber ... 29
Distinguir entre hechos y opiniones, determinar si los hechos son verdaderos o si son verdades tentativas

Lección 4 • Evaluar la credibilidad ... 35
Reconocer el prejuicio, determinar el nivel de pericia; el caso especial del testigo ocular

Lección 5 • Afirmaciones parciales y verdades a medias ... 43
Reconocer afirmaciones incompletas, entender el valor real de estudios y promedios

Lección 6 • La persuasión ... 49
Reconocer el arte de la persuasión sutil: los eufemismos, disfemismos y preguntas prejuiciosas

Lección 7 • Trabajar con argumentos ... 55
Comprender el razonamiento deductivo, identificar la conclusión general y las premisas de un argumento deductivo

Lección 8 • Evaluar las evidencias ... 63
Examinar las evidencias con cuidado para evaluar la validez; comprobar que sean creíbles y razonables

Lección 9 • Reconocer un buen argumento ... 69
Construir un caso sólido: una conclusión y premisas que sean claras y completas considerando las posiciones de la otra parte

Lección 10 • Emplear todo lo anterior ... 75
Repaso de lecciones 1 a 9

Lección 11 •	Falacias lógicas I	81
	Reconocer falacias lógicas que intentan persuadir a través de sus emociones: tácticas de generar miedo, zalamería, presión del grupo y apelaciones a su compasión	
Lección 12 •	Falacias lógicas II	87
	Reconocer cuatro falacias lógicas: ningún término medio, relaciones demasiado fáciles, razonamiento circular, un error justifica el otro	
Lección 13 •	Falacias lógicas III	93
	Reconocer tres falacias lógicas comunes que distorsionan la cuestión: ad hominem, *la distracción de la atención a la cuestión real, un argumento de oposición débil o imaginario*	
Lección 14 •	Explicaciones	99
	Buscar explicaciones relevantes y posibles de probar, rechazar explicaciones circulares	
Lección 15 •	El razonamiento inductivo	105
	Sacar conclusiones lógicas de las evidencias, buscar premisas que probablemente lleven a la conclusión	
Lección 16 •	Sacar conclusiones precipitadamente	111
	Reconocer falacias inductivas como generalizaciones precipitadas o prejuiciosas y los non sequitur	
Lección 17 •	Mas del razonamiento inductivo	117
	Determinar la causa; reconocer falacias de tipo post hoc y ergo propter hoc y argumentos tipo "el huevo o la gallina"	
Lección 18 •	Números y estadísticas	*125*
	Comprobar que las estadísticas vengan de una fuente confiable, que tengan un tamaño de muestra adecuado además de que la muestra sea representativa	
Lección 19 •	Resolver problemas	133
	Resolver problemas de lógica que prueban el sentido común, la capacidad de reconocer buenas evidencias y de sacar conclusiones lógicas	
Lección 20 •	Emplear todo lo anterior	141
	Repaso de lecciones 11 a 19	
Prueba de evaluación final		147
Apéndice •	Cómo prepararse para un examen estandar	159
	Hacer un plan de estudio, estrategias para tener éxito en el examen	

CÓMO USAR ESTE LIBRO

Este libro está diseñado para ayudarlo a mejorar las capacidades de razonamiento y pensamiento crítico en 20 lecciones cortas de 20 minutos diarios. Si lee un capítulo por día, de lunes a viernes, y hace todos los ejercicios con cuidado, dentro de un mes de estudio debería experimentar un mejoramiento substancial en cuanto a su capacidad de pensar críticamente y resolver problemas lógicamente.

Aunque cada lección en sí misma está diseñada para desarrollar de manera eficaz las capacidades mentales, es importante utilizar los materiales del libro en el orden en que están presentados, desde la lección 1 hasta la lección 20. Como la mayoría de las capacidades mentales, el pensamiento crítico y el razonamiento se desarrollan progresivamente. Por lo tanto, cada lección de este libro se sirve de las ideas discutidas en las anteriores.

Cada lección ofrece varios ejercicios que le permiten practicar el uso de las capacidades mentales que ha desarrollado a través del libro. Estos ejercicios vienen con las respuestas y las explicaciones para ayudarlo a saber con certeza que está progresando correctamente. Cada lección ofrece también sugerencias prácticas sobre cómo continuar practicando el uso de estas capacidades durante el resto del día y de la semana y durante su vida entera. Además, dos lecciones de repaso especiales retoman las capacidades y conceptos clave de cada parte del libro y le dan la oportunidad de aplicarlos en situaciones prácticas de la vida real.

Para ayudarlo a medir su progreso, este libro comienza con una prueba de evaluación inicial. Debe tomar esta prueba antes de comenzar la lección 1.

LearningExpress Skill Builders

Luego, cuando haya terminado la lección 20, tome la prueba de evaluación final. Estas pruebas son diferentes pero comparables, por lo que usted podrá ver precisamente cuánto han mejorado sus capacidades de razonamiento y pensamiento crítico a causa de sus estudios.

ESCUCHE Y OBSERVE ACTIVAMENTE

Para aprovechar al máximo este texto, es importante recordar que el pensamiento crítico y las capacidades de razonamiento afectan prácticamente todos los aspectos de la vida, ya sea de modo personal, profesional, académico o hasta espiritual. De ahí la importancia de *escuchar y observar* activamente.

Muchas personas forman conclusiones basándose en lo que piensan o sienten en vez de considerar las evidencias que tienen ante ellas. Toman decisiones basándose en lo que quisieran oír en vez de fijarse en lo que se está diciendo y actúan sobre lo que imaginan que es la verdad en lugar de basarse en la realidad. Pero, al realmente escuchar lo que la gente dice y cómo lo dice (las expresiones de la cara y el tono de voz muchas veces dicen mucho más que las palabras en sí mismas), usted puede estar más seguro de reaccionar a lo que realmente se está diciendo y no simplemente a lo que quisiera oír.

Del mismo modo, al prestar atención y fijarse en las cosas que tiene alrededor, puede estar más seguro de que las decisiones que toma y las conclusiones que saca son justificadas. Por ejemplo, si un lugar le parece desagradable, ¿qué es lo que le incomoda de ese lugar? Generalmente los sentimientos vienen de lo que podemos sentir, incluso de modo subconsciente, en nuestro entorno. Cuanto más uno pueda ver y señalar como evidencias de sus pensamientos, sentimientos y acciones, más lógicas serán sus decisiones y acciones.

Muchas partes de este libro se dedican a ayudarlo a desarrollar sus capacidades de observación. Mientras tanto, aquí tiene varias sugerencias que lo ayudarán no sólo con el trabajo de este libro, sino con todo lo que hace también.

SEA RECEPTIVO E IMPARCIAL

Es muy infrecuente el caso en que exista una sola solución para un problema o *una sola* manera "correcta" de pensar o actuar. Incluso en las matemáticas, donde las cosas pueden verse en términos de blanco o negro, hay muchas maneras de resolver un problema. A la hora de tomar una decisión, especialmente una que afecte a otras personas, recuerde que entre blanco y negro existen miles de matices del color gris. Usted puede preferir algún matiz sobre otro, pero eso no hace necesariamente que los otros colores desaparezcan.

CONSIDERE TODOS LOS ASPECTOS DE UN PROBLEMA

Muchas personas cometen el error de llegar a una conclusión o de tomar una decisión antes de haber considerado todos los aspectos de un problema. De modo similar, los problemas usualmente se amplifican cuando se miran desde una sola perspectiva. Cuanto más completa la idea que se haga de una situación, más eficaz será su decisión o solución. Considere todos los aspectos de un problema; mire la situación desde varios puntos de vista. Si hace esto, sus decisiones serán mucho más seguras y podrá resolver problemas de un modo más eficiente.

LearningExpress Skill Builders

CÓMO USAR ESTE LIBRO

SEPARE SENTIMIENTOS DE HECHOS

Más adelante, este libro tratará más detalladamente el tema de la diferencia entre hechos y opiniones, pero su importancia nos lleva a mencionarlo ahora. Lo que más frecuentemente impide la capacidad de una persona de razonar de modo eficiente son sus emociones. Esto es natural, por supuesto, pero si uno privilegia los sentimientos sobre la razón, muchas veces termina tomando malas decisiones. Esto no quiere decir que uno deba ignorar sus sentimientos, sino que debe asegurarse de que éstos no confundan los hechos.

PIENSE ANTES DE ACTUAR

Muchas veces uno está bajo la presión de tomar decisiones rápidas. Sin embargo, salvo en casos de emergencia, es casi siempre mejor tomarse el tiempo de razonar y resolver las cosas. A largo plazo, las decisiones precipitadas son mucho menos productivas porque usualmente no son las decisiones más lógicas o informadas. Si uno se toma un poco de tiempo para pensar las cosas, considerando todos los aspectos de un problema y separando sentimientos de hechos, tiene muchas mejores posibilidades de tomar una decisión sensata o de encontrar una solución eficaz.

De todos modos, a veces la única opción es tomar una decisión rápida, por ejemplo, si uno está en medio de un examen de duración limitada o en una situación de emergencia. Por eso es tan importante desarrollar sus capacidades de razonamiento ahora y hacer que formen parte de su proceso de pensamiento cotidiano. Luego, cuando esté en apuros, podrá razonar y resolver la situación de manera rápida y eficiente.

Si esto suena confuso, no se preocupe. Se le explicará en detalle cada una de estas ideas en las lecciones que siguen. Lo importante es que trabaje lo mejor que pueda en desarrollar estas capacidades a partir de la primera lección, "Las capacidades de razonamiento y pensamiento crítico."

LearningExpress Skill Builders

SEPARE SENTIMIENTOS DE HECHOS

Más adelante, este libro tratará más detalladamente el tema de la diferencia entre hechos y opiniones, pero su importancia nos lleva a mencionarlo ahora. Lo que más frecuentemente impide la capacidad de una persona de razonar de modo eficiente son sus emociones. Esto es natural, por supuesto, pero si uno privilegia los sentimientos sobre la razón, muchas veces termina tomando malas decisiones. Esto no quiere decir que uno deba ignorar sus sentimientos, sino que debe asegurarse de que éstos no confundan los hechos.

PIENSE ANTES DE ACTUAR

Muchas veces uno está bajo la presión de tomar decisiones rápidas. Sin embargo, salvo en casos de emergencia, es casi siempre mejor tomarse el tiempo de razonar y resolver las cosas. A largo plazo, las decisiones precipitadas son mucho menos productivas porque usualmente no son las decisiones más lógicas o informadas. Si uno se toma un poco de tiempo para pensar las cosas, considerando todos los aspectos de un problema y separando sentimientos de hechos, tiene muchas mejores posibilidades de tomar una decisión sensata o de encontrar una solución eficaz.

De todos modos, a veces la única opción es tomar una decisión rápida, por ejemplo, si uno está en medio de un examen de duración limitada o en una situación de emergencia. Por eso es tan importante desarrollar sus capacidades de razonamiento ahora y hacer que formen parte de su proceso de pensamiento cotidiano. Luego, cuando esté en apuros, podrá razonar y resolver la situación de manera rápida y eficiente.

Si esto suena confuso, no se preocupe. Se le explicará en detalle cada una de estas ideas en las lecciones que siguen. Lo importante es que trabaje lo mejor que pueda en desarrollar estas capacidades a partir de la primera lección, "Las capacidades de razonamiento y pensamiento crítico."

PRUEBA DE EVALUACIÓN INICIAL

Antes de que comience a desarrollar sus capacidades de razonamiento, es posible que desee tener una idea de cuánto sabe en este momento y cuánto tiene que aprender. Si éste es el caso, tome la prueba de evaluación inicial en este capítulo.

La prueba de evaluación inicial consiste en 35 preguntas de opción múltiple que tocan el material de todas las lecciones de este libro. Naturalmente, no se examinan en esta prueba todas las capacidades de razonamiento que se tratan en el libro. Como sólo una porción reducida de la información del libro aparece en la prueba de evaluación inicial, aun si usted responde correctamente a todas las preguntas, sin duda se beneficiará de todos modos de completar las lecciones. Por otro lado, si responde incorrectamente a muchas de las preguntas, no se preocupe. Estas lecciones están diseñadas para enseñarle a desarrollar las capacidades de razonamiento y pensamiento crítico paso a paso. Tómese su tiempo y disfrute del proceso de aprendizaje.

Por lo tanto, utilice esta prueba de evaluación inicial para hacerse una idea general de cuánto sabe del material de este libro. Si tiene un buen resultado en esta prueba, es posible que pase menos tiempo usando este libro de lo que pensaba. Si tiene un mal resultado, puede ser que necesite tomarse más de 20 minutos por día con cada capítulo aprendiendo sobre el razonamiento lógico.

Puede usar la página siguiente para marcar sus respuestas o, si prefiere, puede hacer un círculo alrededor de la respuesta en el libro. Si el libro

LearningExpress Skill Builders

no le pertenece, escriba los números 1-35 en una hoja de papel y llénela con sus respuestas. Tómese todo el tiempo que necesite para hacer esta prueba corta. Cuando termine, compare sus respuestas con las de la clave de respuestas correctas al final de este capítulo. Cada respuesta le indica el capítulo del libro que corresponde a la capacidad de razonamiento relacionada con esa pregunta.

LEARNINGEXPRESS ANSWER SHEET

1.	ⓐ	ⓑ	ⓒ	ⓓ	16.	ⓐ	ⓑ	ⓒ	ⓓ	31.	ⓐ	ⓑ	ⓒ	ⓓ
2.	ⓐ	ⓑ	ⓒ	ⓓ	17.	ⓐ	ⓑ	ⓒ	ⓓ	32.	ⓐ	ⓑ	ⓒ	ⓓ
3.	ⓐ	ⓑ	ⓒ	ⓓ	18.	ⓐ	ⓑ	ⓒ	ⓓ	33.	ⓐ	ⓑ	ⓒ	ⓓ
4.	ⓐ	ⓑ	ⓒ	ⓓ	19.	ⓐ	ⓑ	ⓒ	ⓓ	34.	ⓐ	ⓑ	ⓒ	ⓓ
5.	ⓐ	ⓑ	ⓒ	ⓓ	20.	ⓐ	ⓑ	ⓒ	ⓓ	35.	ⓐ	ⓑ	ⓒ	ⓓ
6.	ⓐ	ⓑ	ⓒ	ⓓ	21.	ⓐ	ⓑ	ⓒ	ⓓ					
7.	ⓐ	ⓑ	ⓒ	ⓓ	22.	ⓐ	ⓑ	ⓒ	ⓓ					
8.	ⓐ	ⓑ	ⓒ	ⓓ	23.	ⓐ	ⓑ	ⓒ	ⓓ					
9.	ⓐ	ⓑ	ⓒ	ⓓ	24.	ⓐ	ⓑ	ⓒ	ⓓ					
10.	ⓐ	ⓑ	ⓒ	ⓓ	25.	ⓐ	ⓑ	ⓒ	ⓓ					
11.	ⓐ	ⓑ	ⓒ	ⓓ	26.	ⓐ	ⓑ	ⓒ	ⓓ					
12.	ⓐ	ⓑ	ⓒ	ⓓ	27.	ⓐ	ⓑ	ⓒ	ⓓ					
13.	ⓐ	ⓑ	ⓒ	ⓓ	28.	ⓐ	ⓑ	ⓒ	ⓓ					
14.	ⓐ	ⓑ	ⓒ	ⓓ	29.	ⓐ	ⓑ	ⓒ	ⓓ					
15.	ⓐ	ⓑ	ⓒ	ⓓ	30.	ⓐ	ⓑ	ⓒ	ⓓ					

LearningExpress Skill Builders

PRUEBA DE EVALUACIÓN INICIAL

Lea el siguiente texto y luego responda a las preguntas que siguen.

Wendy is a junior in high school and is getting ready to choose a college. She is a serious student and wants to go to the school with the best pre-med program. However, she doesn't want to be too far from home because she wants to visit her sister, who has recently been in a serious accident, on a regular basis. Wendy is likely to obtain scholarships—perhaps even a full scholarship—but she is worried that her parents may not be able to afford whatever costs the scholarships don't cover.

1. Which of the following most accurately presents the issues Wendy must consider, in order of priority?
   a. academic reputation, financial aid, social life on campus
   b. location, financial aid, and academic reputation
   c. financial aid, student services, location
   d. academic reputation, campus environment, and location

2. Which of the following is probably the best choice for Wendy?
   a. The community college, which offers Wendy a full scholarship and has a new but unranked pre-med track.
   b. An expensive liberal arts college, ranked in the top 10 for its pre-med program, which offers Wendy a three-quarters scholarship. The college is a ten-hour drive from Wendy's home.
   c. The state university, ranked in the top 20 for its pre-med program, which offers Wendy a full scholarship for her first two years and guarantees continued scholarships if she maintains at least a B+ grade point average. The state university is two hours away from Wendy's home.
   d. Put off school for a few years until Wendy can save up some money and her sister has recovered. This way, Wendy will be less limited in which school she can choose.

Escoja la mejor respuesta para cada una de las siguientes preguntas.

3. "There are 52 weeks in a year" is
   a. a fact
   b. an opinion
   c. probably a fact, but I'd have to verify it first
   d. none of the above

LearningExpress Skill Builders

4. "Ohio has 22 state forests" is
   a. a fact
   b. an opinion
   c. probably a fact, but I'd have to verify it first
   d. none of the above

5. "There's nothing better than a pepperoni pizza!" is
   a. a fact
   b. an opinion
   c. probably a fact, but I'd have to verify it first
   d. none of the above

Decida por qué los pasajes que siguen son problemáticos, si es que lo son

6. "You don't mean you'd actually support that liar if he ran for re-election, do you?"
   a. The question is unclear and confusing.
   b. The question is unfairly biased against the politician.
   c. The question assumes the listener is going to vote.
   d. There's nothing wrong with the question.

7. "New GingerSnap Soda costs less!"
   a. The ad doesn't tell how much the soda costs.
   b. The ad doesn't tell how much other sodas cost.
   c. The ad doesn't tell what the soda costs less than.
   d. There's nothing wrong with this ad.

8. "Come on, Janet. You're much too smart to pass up this opportunity! Besides, I know what a good and generous person you are."
   a. The speaker is flattering Janet.
   b. The speaker is pressuring Janet.
   c. The speaker is trying to scare Janet.
   d. There's nothing wrong with this passage.

9. "Either we put 40 students in each class or we hire two dozen new teachers. There's no other choice."
   a. The speaker is proposing two equally bad solutions.
   b. The speaker is trying to change the subject.
   c. The speaker isn't allowing for other possibilities, like staggering classes.
   d. There's nothing wrong with this passage.

10. "I wouldn't listen to what Charlie says about anything, and *especially* not what he says about politics. I mean, all he does is watch 'Happy Days' reruns all day. What does he know?"
    a. The speaker assumes that Charlie can't have a valid opinion about politics because he watches "Happy Days" reruns.
    b. The speaker assumes that the listener is stupid enough to listen to Charlie in the first place.
    c. The speaker doesn't like "Happy Days" reruns.
    d. There's nothing wrong with this passage.

11. "I don't think this is right, Zack, because it seems wrong."
    a. The speaker doesn't give Zack a chance to respond.
    b. The reason the speaker offers Zack is the same as the problem the speaker presents.
    c. The problem the speaker presents is too vague.
    d. There's nothing wrong with this passage.

12. "You agree with me, don't you, Marlene? But if you don't, don't worry. The last person who disagreed with me only got fired."
    a. The speaker is using humor inappropriately.
    b. The speaker is trying to get Marlene fired.
    c. The speaker is trying to scare Marlene into agreeing with him.
    d. There's nothing wrong with this passage.

13. "The dishwasher isn't working because it's broken."
    a. The explanation goes in a circle.
    b. The explanation is untestable.
    c. The explanation is irrelevant.
    d. There's nothing wrong with this explanation.

14. "I took two classes and both teachers were terrible. Great—I guess every teacher at this university is lousy."
    a. The speaker doesn't know what makes a good teacher.
    b. The speaker draws an unfair conclusion about all the teachers based on just two classes.
    c. The speaker probably didn't do well in those two classes and is just angry at his teachers.
    d. There's nothing wrong with this passage.

15. "I got straight A's in science in high school, so I should get straight A's in science in college, too."
    a. The speaker is jumping to conclusions.
    b. The speaker is bragging.
    c. The speaker is appealing to our sense of pity.
    d. There's nothing wrong with this passage.

16. "Let's not go out tonight, Abe. I'm really tired, we're trying to save money, and we have to get up early and work tomorrow. A relaxing night at home makes more sense."
    a. The speaker is trying to blame Abe for their problems.
    b. The speaker is trying to make Abe feel sorry for her.
    c. The speaker is biased.
    d. There's nothing wrong with this passage.

17. "If we let Roger stay out until midnight, next thing you know he'll be coming in at 1, then 3, and then not at all."
    a. The speaker is assuming that Roger wants to stay out all night.
    b. The speaker is assuming that X will automatically lead to Y.
    c. The speaker is assuming that X and Y are unacceptable alternatives.
    d. There's nothing wrong with this passage.

REASONING SKILLS SUCCESS CON INSTRUCCIONES EN ESPAÑOL

18. "I didn't cheat on my taxes. I just used creative accounting techniques."
    a. The speaker is breaking the law.
    b. The speaker is setting a bad example for others.
    c. The speaker is using a slanted phrase for "cheating."
    d. There's nothing wrong with this passage.

19. "I know I didn't do a great job on my paper, Professor Lang. But look at how many students cheated on the exam!"
    a. The student is bringing in an irrelevant issue.
    b. The student is blaming other students for her problems.
    c. The student is making a circular argument.
    d. There's nothing wrong with this passage.

20. "Hey, Todd, check this out! Two weeks ago, I bought this good luck charm, and I've been carrying it around with me every day. Since then, I found $20 in the street, I got the apartment I was hoping for, *and* I got a date with Cindy! This good luck charm really works!"
    a. The speaker believes in good luck charms.
    b. The speaker is assuming that the good luck charm is responsible for his string of good luck.
    c. The speaker doesn't provide enough evidence that the charm works.
    d. There's nothing wrong with this passage.

En las siguientes situaciones, ¿cuál es la fuente más digna de crédito?

21. Regarding the authenticity of a Van Gogh painting
    a. a professor of art history
    b. a Van Gogh biographer
    c. a contemporary artist
    d. a Van Gogh scholar

22. In defense of a boy accused of stealing from a classmate
    a. his mother
    b. the principal
    c. his teacher
    d. his best friend

Lea el siguiente argumento con cuidado y responda a las preguntas que siguen.

(1) Censorship of any kind goes against one of our central beliefs as Americans. (2) Nevertheless, certain materials simply should not be accessible on the Internet. (3) The Internet provides users with unlimited access to all kinds of information, but much of that information is inappropriate for immature viewers. (4) Children as young as four or five years old know how to log on and can find sites that feature naked men, women, and even children in provocative poses and engaged in sexual acts. (5) My own 12-year-old son accidentally found a site displaying color photos that would make even Hugh Heffner blush. (6) Worse, some sites allow children to correspond with other site visitors, and the FBI reports that this has led to the kidnapping and even murder of several children across the country.

LearningExpress Skill Builders

23. What is the main point (conclusion) of the argument?
   a. sentence 1
   b. sentence 2
   c. sentence 3
   d. sentence 4
   e. sentence 6

24. Which of the following is the strongest support for the conclusion?
   a. sentence 2
   b. sentence 4
   c. sentence 5
   d. sentence 6

25. Sentence 1 does which of the following for the argument?
   a. It weakens the argument by stating that censorship is wrong.
   b. It strengthens the argument by acknowledging the opposition.
   c. It introduces readers to the topic.
   d. It misleads readers by suggesting the argument will be about censorship in general.

Lea los siguientes pasajes con cuidado y responda a las preguntas que siguen.

Roberta lost 10 pounds in February. That month, she put in a great deal of overtime at work. She had also been trying to save money to take a few courses at the community college in the summer. In addition, she had been getting off the bus a mile away from work so that she'd get exercise each day.

26. Which of the following is most likely the *primary cause* of Roberta's weight loss?
   a. She was under too much stress from working so much.
   b. She forgot to eat because she was working so much.
   c. She was trying to save money by not spending it on food.
   d. She was getting exercise each day going to and from work.

27. Using the answer choices in question 26, which of the following can we say with a high degree of confidence?
   a. Both **a** and **d** contributed to her weight loss.
   b. Both **b** and **c** contributed to her weight loss.
   c. Choices **a, b,** and **d** contributed to her weight loss.
   d. All of the above contributed to her weight loss.

28. A young man is walking down the street when he sees that a pile of burning leaves has gotten out of control and the fire is about to spread to the adjacent house. Which of the following should he do first?
   a. Run down the street looking for a phone.
   b. Attempt to put out the fire.
   c. Warn the inhabitants of the house.
   d. Move a safe distance away from the fire.

Ellen is in charge of the annual holiday party for ABC Company. She wants everyone to be happy with the location, so she decides to take a survey. There are 80 employees; 20 are in management, 40 are sales representatives, and 20 are support staff.

29. If Ellen surveys 10 employees, her survey results are
   a. *very likely* to accurately reflect the sentiments of all of the employees.
   b. *likely* to accurately reflect the sentiments of all of the employees.
   c. *very unlikely* to accurately reflect the sentiments of all of the employees.

30. If Ellen surveys 20 employees, who are all members of management, her survey results are
   a. *very likely* to accurately reflect the sentiments of all of the employees.
   b. *likely* to accurately reflect the sentiments of all of the employees.
   c. *very unlikely* to accurately reflect the sentiments of all of the employees.

31. Ellen would get the most accurate results by surveying
   a. 10 managers, 20 salespeople, and 5 support staff
   b. 10 managers, 20 salespeople, and 10 support staff
   c. 20 managers, 20 salespeople, and 20 support staff
   d. 10 managers, 10 salespeople, and 10 support staff

32. Every time you play your stereo loudly, you notice that your upstairs neighbor puts on her stereo loudly, too. When you turn yours down, she turns hers back down. You therefore conclude
   a. your neighbor doesn't like the music you play
   b. your neighbor likes to play her music loudly, too
   c. your neighbor is just showing off her stereo system
   d. your neighbor has to turn up her stereo to drown out yours

33. Beverly is putting together the schedule for her new employees. Each employee has to work 2 days a week. Andrew (A) can only work on Mondays, Wednesdays, and Fridays. Brenda (B) can only work on Mondays, Tuesdays, and Wednesdays. Carla (C) can only work on Tuesdays and Fridays. David (D) can work any day except Wednesday, and Edward (E) can only work on Thursday and Friday. Which of the following is the best schedule?

	Monday	Tuesday	Wednesday	Thursday	Friday
a.	B & D	A & D	A & B	C & E	C & E
b.	A & D	B & C	A & B	D & E	C & E
c.	B & C	C & D	A & D	B & E	A & E
d.	A & D	B & C	C & E	B & E	A & D

Joe, Karl, Larry, and Mike all work for the same company. Joe has been there two years longer than Karl and one year less than Larry. Mike has been there one year longer than Karl. Larry has been there for ten years.

34. Who has been there the longest?
- a. Joe
- b. Karl
- c. Larry
- d. Mike

35. Who is the newest employee?
- a. Joe
- b. Karl
- c. Larry
- d. Mike

CLAVE DE RESPUESTAS CORRECTAS

Si contesta mal a alguna de las preguntas, puede encontrar ayuda para ese tipo de pregunta en la lección indicada a la derecha de las respuesta.

1. b.   Lección 2
2. c.   Lección 2
3. a.   Lección 3
4. c.   Lección 3
5. b.   Lección 3
6. b.   Lección 6
7. c.   Lección 5
8. a.   Lección 11
9. c.   Lección 12
10. a. Lección 13
11. b. Lección 12
12. c. Lección 11
13. a. Lección 14
14. b. Lección 16
15. a. Lección 16
16. d. Lecciones 7–9
17. b. Lección 12
18. c. Lección 6

19. a. Lección 13
20. b. Lección 17
21. d. Lección 4
22. c. Lección 4
23. b. Lección 7
24. d. Lecciones 8, 9
25. b. Lección 9
26. d. Lección 17
27. a. Lección 17
28. c. Lecciones 2, 19
29. c. Lección 18
30. c. Lección 18
31. b. Lección 18
32. d. Lección 15
33. b. Lección 19
34. c. Lecciones 15, 19
35. b. Lecciones 15, 19

REASONING SKILLS SUCCESS
LECCIONES 1–20

L·E·C·C·I·Ó·N 1
LAS CAPACIDADES DE RAZONAMIENTO Y PENSAMIENTO CRÍTICO

RESUMEN DE LA LECCIÓN

Habrá escuchado los términos "pensamiento crítico" y "capacidades de razonamiento" muchas veces, en muchos contextos diferentes. Pero, ¿qué significa en realidad "pensar críticamente"? Y, ¿en qué consisten precisamente las "capacidades de razonamiento"? Esta lección contestará estas preguntas y le mostrará por qué son tan importantes las capacidades de razonamiento y pensamiento crítico.

Cualquier persona en cualquier profesión tiene que tomar decisiones. Tal vez no le sea evidente, pero incluso las decisiones que toma de costumbre, por ejemplo sobre qué ropa ponerse a la mañana, se basan en parte en las capacidades de razonamiento y pensamiento crítico. Cuando decide qué ponerse, toma en cuenta muchos factores: el pronóstico del tiempo, la temperatura actual, sus planes para el día (¿a dónde va? ¿a quién va a ver?), su nivel de comodidad (¿estará caminando mucho? ¿estará sentado todo el día?), etc. Por lo tanto, usted ya piensa críticamente a cierto nivel. Sin embargo, su vida es complicada y tiene que tomar decisiones mucho más difíciles que la de qué ropa ponerse. ¿Cómo se ocupa de un conflicto? ¿Cómo resuelve un problema o una crisis? ¿Cómo toma una decisión moral o ética?

Al mejorar las capacidades de razonamiento y pensamiento crítico, uno puede mejorar también sus posibilidades de tomar la decisión correcta o encontrar la solución más eficaz para un problema, aunque no acierte siempre.

¿En qué consisten las capacidades de razonamiento y pensamiento crítico?

Para mejorar las capacidades de razonamiento y pensamiento crítico, uno necesita saber precisamente en qué consisten.

El pensamiento crítico

Piense un momento en las palabras *pensamiento crítico*. ¿Qué significa esta frase? En esencia, el **pensamiento crítico** es el proceso de la toma de decisiones. Específicamente, el pensamiento crítico significa considerar cuidadosamente un problema, una afirmación, una pregunta o una situación para determinar cuál es la mejor solución. Esto es, cuando uno piensa críticamente, se toma el tiempo de considerar todos los aspectos de un problema, evaluar las evidencias e imaginarse circunstancias diferentes y posibles resultados. Parecería implicar mucho trabajo, pero las mismas capacidades básicas de pensamiento crítico pueden aplicarse a todo tipo de situación.

El pensamiento crítico es así de importante porque lo ayuda a determinar:

- Cómo resolver mejor un problema
- Si aceptar o rechazar una afirmación
- Cómo contestar mejor una pregunta
- Cómo ocuparse mejor de una situación

Las capacidades de razonamiento

Las capacidades de razonamiento, por otra parte, tienen más que ver con el *proceso* de llegar a la solución, punto B, desde el problema, punto A. Uno puede llegar accidentalmente o puede llegar por medio de la razón.

Una **razón** es un motivo o causa de algo, una justificación de pensamientos, acciones, opiniones, etc. En otras palabras, es el *por qué* uno hace, dice o piensa de un modo u otro. Pero las razones por las que uno actúa no son siempre razonables, como bien sabrá si alguna vez ha hecho o dicho algo por enojo. Es decir, las **capacidades de razonamiento** lo motivan a usar el sentido común y basar las razones por las que actúa en hechos, evidencias o conclusiones lógicas en vez de simplemente en las emociones. Al decidir cuál es la mejor manera de ocuparse de una situación o determinar la mejor solución para un problema, debe basarse en buenas razones lógicas (en vez de puramente *emocionales*).

> **Lógico**: según la razón; según las conclusiones sacadas de evidencias o el buen sentido común
> **Emocional**: que sigue las emociones o sentimientos intensos

La diferencia entre razón y emoción

Sería falso decir que todo lo emocional no es razonable. De hecho, es perfectamente válido considerar sus emociones a la hora de tomar una decisión, porque lo que uno siente es muy importante. Pero por otro lado, si no

LAS CAPACIDADES DE RAZONAMIENTO Y PENSAMIENTO CRÍTICO

hay *ninguna* lógica o razón que motive sus decisiones, usualmente puede haber problemas.

Digamos, por ejemplo, que usted necesita comprar un auto. Es una decisión importante y por eso es preciso que la tome prudentemente. Querrá asegurarse de:

- Considerar cuidadosamente sus opciones
- Considerar diferentes posibilidades y circunstancias
- Tener razones lógicas para apoyar su decisión final

Puede parecerle obvio que necesita escoger el auto que más se ajusta a su estilo de vida y su presupuesto. Por ejemplo, por mucho que le gusten los autos deportivos, por muy divertido que sea manejarlos, no debe comprar la nueva edición especial de Corvette si tiene cuatro hijos y un presupuesto limitado. Pero, por varias razones emocionales, muchas personas sí toman este tipo de decisión poco inteligente y razonable. Pueden pensar críticamente y todavía equivocarse porque dejan que sus emociones se impongan a su lógica y razón.

PRÁCTICA

1. For practice, take this scenario—buying a new car—and apply critical thinking and reasoning skills. First, critical thinking: What different things should you take into consideration when thinking about what kind of car to buy? List at least five different considerations below. One is listed to get you started.

Elementos a considerar:
1. price
2.
3.
4.
5.

Respuestas

Habrá anotado varios temas importantes como éstos:

- Size and style of the car: two-door vs. four-door, boxy vs. sporty
- Gas mileage
- Condition: new or used
- Safety features
- Amenities: stereo, air conditioning, and so on
- Overall reliability and quality
- Manufacturer
- Comfort level: leg room, type of seats, and so on
- Warranty
- Looks: color, shape, design

Todos éstos son elementos importantes que puede considerar.

JUSTIFICACIÓN DE SUS DECISIONES

Una manera de asegurarse de estar usando sus capacidades de razonamiento y pensamiento crítico es justificar siempre sus decisiones y acciones. ¿Por qué hizo lo que hizo? ¿Por qué tomó esa decisión? ¿Por qué le parecía la mejor solución? Trate de hacer esto incluso con las menores decisiones y acciones cotidianas. Llegará a familiarizarse con su proceso de la toma de decisiones y podrá determinar dónde en ese proceso podrá ser más eficiente.

PRÁCTICA

2. Imagine that you really do have to buy a car. Using your critical thinking and reasoning skills, write down what kind of car (model, new or used) you'd buy and why. You can make up the specifics; what's important is that you include several different reasons that show you've thought about your decision carefully and critically.

Kind of car:

Approximate price:

Reasons for this choice:

Respuestas

Las respuestas pueden variar, por supuesto. Aquí tiene un ejemplo:

Kind of car: 1994 Toyota Camry
Approximate price: $6,000
Reasons for this choice:
- Excellent condition for a used car—recently inspected, new tires
- Only 3,500 miles on the car
- Good gas mileage—30 miles per gallon
- Affordable—just within my budget
- Good safety features
- Big trunk, which I need to deliver equipment and supplies
- Decent stereo and air conditioning included
- Red—my favorite color

POR QUÉ LAS CAPACIDADES DE RAZONAMIENTO Y PENSAMIENTO CRÍTICO SON IMPORTANTES

Usted se enfrentará a situaciones en su vida profesional y personal y en sus estudios que requieran capacidades de razonamiento y pensamiento crítico. Al mejorar estas capacidades, usted puede tener más éxito en prácticamente todo lo que haga. Específicamente, unas capacidades bien desarrolladas de razonamiento y pensamiento crítico lo ayudarán a:

- Formular y apoyar argumentos convincentes y lógicos
- Medir la validez de los argumentos de otras personas
- Tomar decisiones más eficaces y lógicas
- Resolver problemas y enigmas

En cierto sentido, cada una de estas cuatro capacidades es un factor en la resolución de problemas. Si alguien quiere cambiar su opinión y convencerlo de algo, usted tiene un "problema", esto es, tiene que decidir si cambiar sus creencias y aceptar el argumento de esa persona o no. De modo similar, cuando tiene que escoger o respaldar una postura, tiene otro tipo de "problema" que resolver, esto es, qué escoger, cómo respaldar su postura. Por lo tanto, este libro se referirá a este tipo de situaciones como la resolución de problemas. La próxima lección se centrará en este tema.

LAS CAPACIDADES DE RAZONAMIENTO Y PENSAMIENTO CRÍTICO

PRÁCTICA
Utilice sus capacidades de razonamiento y pensamiento crítico para resolver el siguiente problema.

> Jorge has been offered a promotion with United Casualty, where he has worked for five years. He has also been offered a similar job by the company's main competitor, The Harrison Group. Harrison is willing to pay Jorge a little more for a comparable position. What should Jorge do?

3. List the different issues Jorge should consider in making this difficult decision.

4. Make a decision for Jorge and explain why that's a good decision for him. Feel free to make up the various circumstances in his life—for example, whether Jorge lives closer to United or to Harrison. The more reasons you can give for his decision, the better.

Respuestas
3. Algunos de los aspectos del problema que Jorge tiene que considerar:
- Money
- Job security
- Benefits
- Compatibility with coworkers
- Job environment
- Specific job duties
- Location/commute
- Hours
- Room for advancement
- Stability of company

4. Las respuestas pueden variar, por supuesto. Aquí tiene una respuesta posible:

> Jorge should stay with United Casualty. It's a much shorter commute, half the time it would take to get to Harrison, so he would save both time and gas money, as well as reduce wear and tear on his car. He has an excellent relationship with his supervisors at United and enjoys working with his co-workers. United is a solid, stable company—it's been in business for over 40 years and had a record year last year. Harrison, on the other hand, is only 10 years old and has recently had a great deal of employee turnover.

RESUMEN

El pensamiento crítico es el acto de considerar cuidadosamente un problema, una afirmación, una pregunta o una situación para determinar cuál es la mejor "solución". Las capacidades de razonamiento, que funcionan en conjunto con el pensamiento crítico, lo motivan a basar sus decisiones en hechos, evidencias o conclusiones lógicas. Las capacidades de razonamiento y pensamiento crítico funcionan juntos para ayudarlo a tomar decisiones más inteligentes y resolver problemas de modo eficaz, además de formular argumentos más convincentes y evaluar mejor los argumentos de otros.

REASONING SKILLS SUCCESS CON INSTRUCCIONES EN ESPAÑOL

El desarrollo de capacidades entre lección y lección

Fíjese en cuántas decisiones toma durante el día y cuántos problemas enfrenta. ¿Qué tipo de decisiones y problemas encuentra con más frecuencia en casa? ¿en el trabajo? ¿donde estudia?

- Anote el proceso por el que pasó para tomar una decisión o resolver un problema hoy. ¿Qué hizo para llegar del punto A, el problema, al punto B, la solución?
- Evalúe una decisión o un problema que resolvió recientemente. ¿Le parece una decisión prudente o solución eficaz? ¿Por qué sí o por qué no? ¿Consideró toda la variedad de temas o se olvidó de considerar ciertos aspectos? ¿Tomó su decisión basándose principalmente en la razón o en sus emociones?

L·E·C·C·I·Ó·N 2
ESTRATEGIAS PARA LA RESOLUCIÓN DE PROBLEMAS

RESUMEN DE LA LECCIÓN

Uno se enfrenta con problemas todos los días y a veces pueden ser abrumadores. En esta lección, aprenderá cómo identificar con precisión el aspecto principal de un problema y cómo dividirlo en sus distintas partes para convertirlo en algo manejable.

"Houston, tenemos un problema". En la exitosa película *Apollo 13*, los astronautas y su personal de tierra se enfrentan con una variedad de problemas muy graves. En una de las escenas más memorables, un equipo de ingenieros tiene que hacer que un cuadrado entre en una abertura redonda en poco tiempo. Las vidas de los astronautas dependen de ello.

Afortunadamente, no todos los problemas son situaciones de vida o muerte. Pero todo el mundo tiene que enfrentarse con sus problemas y es importante manejar problemas rápida y eficientemente. Las capacidades de razonamiento y pensamiento crítico pueden ayudarlo a hacerlo.

DEFINICIÓN: ¿EN QUÉ CONSISTE UN PROBLEMA?

Empecemos con la definición de la palabra *problema*. En términos de capacidades de razonamiento y pensamiento crítico, un **problema** es cualquier situación en la que tiene que tomar una decisión difícil. Esa decisión puede consistir en cómo contestar una pregunta difícil, cómo manejar una situación difícil, cómo convencer a alguien de que adopte su punto de vista:

Preguntas: Should abortion be legal? Should you report your co-worker for stealing?
Situaciones: Your friends are pressing you to go to a party tonight, but you promised your brother you'd help him on a project. What do you do?
Convencer: How do you convince Joe that he shouldn't treat his girlfriend that way?
Resolver: Who stole the money from the safe? How can you make enough money to pay for college?

IDENTIFICAR EL PROBLEMA

El primer paso para resolver cualquier problema es *identificarlo*. Esto le puede parecer obvio. Claro que tiene que saber cuál es el problema. Pero es importante dar este paso, porque en la vida real, con todas sus complicaciones, es fácil perder de vista el problema real. Cuando esto ocurre, el problema se complica mucho más de lo necesario porque uno acaba centrándose en aspectos secundarios en vez de en lo que realmente está en juego.

Una vez que haya identificado el problema, uno necesita dividirlo en sus distintas partes. Éste es un paso esencial porque da una idea de las **dimensiones** del problema. ¿De qué tamaño es? ¿Cuántos aspectos diferentes tiene? A veces, a primera vista, puede parecerle a uno que un problema es tan grande que no tiene solución. Otras veces, uno puede subestimar el tamaño de un problema y acabar tomando una mala decisión al pasar por alto un factor importante. Al dividir un problema en sus diferentes partes, puede descubrir que no es tan grande como se imaginaba o que es mucho más complicado de lo que había previsto originalmente. De una manera u otra, cuando uno divide un problema en sus partes, lo convierte en algo manejable. No importa que sea grande o pequeño, uno puede enfrentarse con sus diferentes aspectos uno por uno.

PRÁCTICA

Para ver precisamente cómo se divide un problema en partes, fíjese en unas posibles circunstancias:

Your car has broken down and will have to be in the shop for two or three days. It's Monday, and you need to get to work, which is 20 miles north of where you live. The nearest bus stop is 10 miles away to the east. Your brother, who lives near you, works 20 miles to the south. The nearest cab company is 20 miles to the west.

1. Which of the following best expresses the real issue or problem?
   a. How you will be able to afford the repairs
   b. How you can convince your brother to give you a ride
   c. How you are going to get to work
   d. Whether you will be able to afford a cab

Respuesta

La respuesta es, por supuesto, c: cómo va a llegar al trabajo. Éste es el problema general que tiene que resolver.

Fíjese en cómo cada una de las otras posibles respuestas es un aspecto *menor*, una manera *específica* de aplicarse al problema mayor y más general. Es

ESTRATEGIAS PARA LA RESOLUCIÓN DE PROBLEMAS

importante recordar que **a**, **b** y **d** son sólo *aspectos* del problema. También puede haber otros que no figuran aquí. Si alguna de estas opciones no funciona, habrá otras posibles.

PRÁCTICA

Fíjese en estas circunstancias.

You're the leader of a small production-line team. Two members of the team have had a serious fight. The other two team members witnessed the fight. Everyone seems to have a different story.

2. Which of the following best expresses the real issue or problem?
   a. who started the fight
   b. what really happened
   c. whose version of what happened you should believe
   d. how to get the team working together again
   e. how to prevent future disputes

Respuesta

Esta situación es un poco más complicada que la primera. Para llegar a la mejor respuesta, uno tiene que preguntarse cuál es el problema real y qué es lo que está en juego. ¿Es más importante determinar lo que pasó o decidir cómo arreglarlo?

Es muy fácil enmarañarse en los detalles de la pelea, con la intención de descubrir quién tiene la culpa. Pero, mientras que eso es importante, el problema real es descifrar cómo seguir progresando o cómo hacer que el equipo siga trabajando en conjunto, opción **d**. Los otros aspectos que figuran arriba, excepto la opción **e**, son diferentes componentes del problema mayor.

Para resolver este problema, *sí* necesita prestar atención a los aspectos **a** y **b**: quién lo empezó y qué ocurrió en realidad. Para hacer eso, tendrá que considerar también la opción **c**: quién da la versión de lo que ocurrió que uno debe creer. Además, debe tener presente la opción **e** para poder minimizar este tipo de problema en el futuro.

DIVIDIR EL PROBLEMA EN PARTES

Ahora que ha identificado el problema central, es el momento de identificar las diferentes partes de él. Ya conoce varios aspectos:

Problema: How to get the team working together again.

Partes del problema:
- Who started the fight
- What really happened
- Whose version of what happened you should believe
- How to prevent future disputes
-
-
-
-
-

PRÁCTICA

3. Each of these issues needs to be dealt with in order to solve the problem. But these aren't the only issues. Can you think of any other parts of this problem? Add them to the list above.

LearningExpress Skill Builders • LESSON 2

Respuestas

Podría haber agregado varios aspectos como éstos que siguen:

Parts of the problem:
- Who started the fight
- What really happened
- Whose version of what happened you should believe
- How to prevent future disputes
- How to reprimand the members who were fighting
- Whether or not to report the fight to your superiors
- How to exercise your authority
- How to carry out your investigation
-
-

Si se le han ocurrido otros aspectos, agréguelos a la lista de arriba para tener una lista completa.

PRIORIZAR LOS ASPECTOS

El próximo paso es decidir cómo dirigirse a los aspectos del problema mencionados arriba. Está claro que algunos son más importantes que otros y deben resolverse antes. Por eso es esencial clasificar las partes del problema en el orden en el que le parece que deben resolverse. ¿Cuál es el aspecto que se debe resolver primero? ¿Segundo? ¿Tercero? ¿Existen algunos que deben resolverse antes de poder ocuparse de los otros?

PRÁCTICA

4. Utilice sus capacidades de razonamiento y pensamiento crítico para priorizar los aspectos del problema mencionados arriba.

Respuesta

Las respuestas podrán variar, según los otros aspectos que haya identificado. Se podría priorizar la lista anterior de esta manera:

Parts of the problem, in order:
- How to exercise your authority
- How to carry out your investigation
- Who started the fight
- What really happened
- Whose version of what happened you should believe
- How to reprimand the members who were fighting
- Whether or not to report the fight to your superiors
- How to prevent future disputes

RELEVANCIA DE LOS DIFERENTES ASPECTOS

Cuando está dividiendo el problema en partes, es importante que los diferentes aspectos que haya identificado sean *relevantes* al problema. Esto es, cada aspecto debe estar claramente relacionado con el problema existente. Muchas veces es obvio cuando algo *no* es relevante. Por ejemplo, el hecho de que le guste la pizza de queso o de *pepperoni*, no tiene nada que ver con este problema. Pero un aspecto como quién ha estado más tiempo en ese trabajo *podría* ser relevante. Depende del tema de la discusión.

Una cosa que hay que tener en cuenta, sin embargo, es que las preferencias personales se toman como aspectos del problema cuando no debería hacerse. Por ejemplo, puede ser que a uno le caigan mejor ciertos miembros de su equipo de producción, pero eso no significa que esas personas sean más creíbles que los otros. Es decir, su amistad con uno u otro, o falta de amistad, no debe ser relevante a la situación. La lección

ESTRATEGIAS PARA LA RESOLUCIÓN DE PROBLEMAS

8 tratará el tema de este tipo de parcialidad más en detalle.

PRÁCTICA

Lea la siguiente descripción de circunstancias con cuidado y luego conteste las preguntas que siguen.

You just inherited a large amount of money from your great uncle. In his will, however, he specified that you must invest that money for ten years before you can withdraw any cash. Your spouse says you should invest in the stock market. Your father says the stock market is too risky, that you should put the money right in the bank. Your friend says put the money in mutual funds—they're less risky than the market but give you a better return than the bank.

5. The main problem or issue is
   a. whether or not stocks are too risky
   b. whether putting the money in the bank gives high enough return
   c. whose advice you should take
   d. how you should invest the money

6. What are the parts of the problem?

7. In what order should you address the parts of the problem?

Respuestas

5. El problema central es **d**: cómo debe invertir su dinero.

6. Puede haber dividido el problema en las siguientes partes:
- How can I find out about these options?
- What are the different options for investing?
- What does my spouse think?
- What kind of investment gives me the most return?
- What kind of investment gives me the most security?
- What's more important to me—return or security?
- Whose opinion should I trust?

7. Probablemente debe ocuparse de las partes del problema en el siguiente orden:
1. What's more important to me, return or security?
2. What does my spouse think?
3. What are the different options for investing?
4. How can I find out about these options?
5. Whose opinion should I trust?
6. What kind of investment gives me the most return?
7. What kind of investment gives me the most security?

LearningExpress Skill Builders • LESSON 2

Resumen

Los **problemas** consisten en cualquier situación en la que tiene que tomar una decisión difícil. Dividir los problemas puede ayudarlo a convertir problemas grandes en problemas manejables. El primer paso para resolver un problema con eficacia es identificar precisamente el problema central. Luego, divida el problema en sus diversas partes. Después de clasificar las partes según el orden de su prioridad, verifique que cada aspecto sea relevante.

El desarrollo de capacidades entre lección y lección

- Tome un problema con el que se enfrenta hoy y divídalo en partes. Identifique el aspecto central y cada una de sus partes. Luego, priorícelas.
- Mientras las comedias en la televisión muchas veces simplifican drásticamente los problemas con los que nos enfrentamos en la vida real, los dramas como *Party of Five* y *ER* muchas veces muestran unos personajes que se ocupan de problemas complejos. Mire uno de estos programas y fíjese en cómo los personajes resuelven sus problemas. ¿Logran identificar correctamente el problema real? ¿Lo dividen en partes? Evalúe su estrategia para la resolución del problema.

L·E·C·C·I·Ó·N 3
PENSAR *VERSUS* SABER

RESUMEN DE LA LECCIÓN

Una de las claves de las capacidades de razonamiento y pensamiento crítico es poder distinguir entre hechos y opiniones. Esta lección le mostrará la diferencia y por qué es importante.

DEFINICIONES: HECHOS *VERSUS* OPINIONES

Primero, definamos las palabras *hecho* y *opinión*.
  Los **hechos** consisten en:
- Cosas que *se sabe* con certeza que han ocurrido.
- Cosas que *se sabe* con certeza que son verdad.
- Cosas que *se sabe* con certeza que existen.

  Las **opiniones,** por otro lado, consisten en:
- Cosas que *se cree* que han ocurrido.
- Cosas que *se cree* que son verdad.
- Cosas que *se cree* que existen.

Esencialmente, la diferencia entre hechos y opiniones está en la diferencia entre *creer* y *saber*. Las opiniones pueden *basarse* en hechos, pero todavía son lo que *pensamos,* no lo que *sabemos*. Las opiniones son discutibles; los hechos por lo general no lo son. Una buena manera de probar si algo es un hecho o una opinión es preguntarse, "¿Puede debatirse

REASONING SKILLS SUCCESS CON INSTRUCCIONES EN ESPAÑOL

esta afirmación? ¿Se sabe con certeza que es verdad?" Si puede responder que *sí* a la primera pregunta, es una opinión. Si responde que *sí* a la segunda, es un hecho. Si no está seguro, es mejor asumir que es una opinión hasta que se pueda *verificar* que es un hecho de verdad.

> **Hecho:** basado en lo que **se sabe**
> **Opinión:** basado en lo que uno **cree**

POR QUÉ ES IMPORTANTE LA DIFERENCIA ENTRE HECHOS Y OPINIONES

Cuando está tomando decisiones, es importante que pueda distinguir entre hechos y opiniones, esto es, entre lo que usted y otros *creen* y los que usted y otros *saben* que es verdad. Cuando toma decisiones, mide los argumentos de otros y apoya sus propios argumentos, los hechos generalmente tienen más peso que las opiniones. Por ejemplo, si trato de convencer a mi jefe que merezco un aumento de sueldo, y utilizo hechos para sostener mi argumento, tengo mucho mejores posibilidades de obtenerlo que si simplemente uso la opinión, "Creo que lo merezco". Fíjese en la diferencia entre estos dos ejemplos:

- "Realmente creo que me deben dar un aumento. Ya es hora y lo merezco."
- "Realmente creo que merezco un aumento. He cumplido con todos mis objetivos de producción desde que estoy aquí y mis evaluaciones han sido excelentes. Además me nombraron el 'empleado del mes'..."

Fíjese que en el segundo ejemplo los hechos apoyan a la opinión que "merezco un aumento".

Es más, poder distinguir entre hechos y opiniones es importante porque las personas muchas veces ofrecen sus opiniones como si fueran hechos. Cuando está tratando de tomar decisiones importantes o resolver problemas serios, necesita saber que está trabajando con evidencias en vez de emociones.

PRÁCTICA

Lea las siguientes afirmaciones con cuidado. ¿Cuáles son hechos? ¿Cuáles opiniones? Escriba una F (de "*fact*") en el espacio en blanco si es un hecho y una O si es una opinión.

____1. People who have been out of school and in the work force for several years make better students.

____2. More people are working for a few years before they go to college than ever before.

____3. Many companies provide tuition reimbursement for adults returning to school for college degrees.

____4. Most companies don't provide enough tuition reimbursement for their employees.

LESSON 3 • LearningExpress Skill Builders

PENSAR VERSUS SABER

___ 5. At Hornig Steelworks, you won't get reimbursed unless you earn at least a C in any course you take.

Respuestas
1. O
2. F
3. F
4. O
5. F

PRÁCTICA

Para mejorar su capacidad de distinguir entre hechos y opiniones, trate de convertir un hecho en una opinión. Aquí tiene un hecho:

Americans pay federal, state, and local taxes.

Una opinión es algo que se puede cuestionar. Aquí tiene dos opiniones basadas en los hechos que figuran arriba:

Americans pay too much in taxes.

Americans should pay taxes only if they make over $40,000.

Ahora le toca a usted.

6. **Fact:** Some states have raised their speed limits to 65 or more on major highways.
Opinion:

7. **Fact:** You can vote and go to war at age 18, but you can't legally drink alcohol until you're 21.
Opinion:

8. **Fact:** E-mail and other technologies are making it possible for more people to work from home than ever before.
Opinion:

9. **Fact:** Most college students are required to take some liberal arts *and* science courses, no matter what their majors.
Opinion:

Respuestas

Las respuestas pueden variar, por supuesto. Aquí tiene unas posibilidades:

6. States that have raised their speed limits to over 65 are playing with fire.

7. You should be able to drink at the same age you can go to war.

8. E-mail and other technologies are great because they enable us to work from home.

9. Most colleges should require students to take both liberal arts and science courses.

VERDADES TENTATIVAS

Haga este ejercicio. Indique si lo siguiente es hecho (F) u opinión (O).

LearningExpress Skill Builders • LESSON 3

_____ **10.** I believe that the government has evidence of contact with aliens hidden in Roswell, New Mexico.

_____ **11.** The government has evidence of contact with aliens hidden in Roswell, New Mexico.

Por casualidad, ¿no marcó la primera afirmación con una **O** y la segunda con una **F**? Si así lo hizo, es fácil de entender por qué. La primera afirmación se ofrece como una opinión ("Creo que"), y es por eso claramente una opinión. La segunda afirmación, sin embargo, se ofrece como un hecho. ¿Pero es verdad? ¿Es algo que se sabe con certeza? En realidad, no puede ser probado de una manera u otra, salvo que uno tenga acceso a documentos secretos del gobierno. La afirmación 11 es lo que se llama una **verdad tentativa**, pues no es ni un hecho ni una opinión. Hasta que la verdad de un asunto pueda ser verificada, especialmente uno que ha sido de controversia por tantos años, es mejor mantener algo de duda al respecto.

Las verdades tentativas no tienen por qué tener que ver con teorías de conspiración u otros problemas de gran importancia. Pueden tener que ver con problemas tan sencillos como éste:

Volvos get 30 miles per gallon.

Esto es una cuestión de hechos, y suena como algo que uno debería aceptar como verdad, pero a menos que se montara en un Volvo y lo manejara un rato, no podría verificarlo. Podría aceptarlo *tentativamente* como hecho, especialmente si la fuente es creíble. La **credibilidad** es el factor más importante si uno debe aceptar hechos que no puede verificar por sí mismo. La próxima lección le muestra cómo determinar la credibilidad.

PRÁCTICA

Determine si las siguientes afirmaciones son hechos (F) u opiniones o afirmaciones que uno debe aceptar como verdades tentativas (TT para "tentative truths").

12. The country is divided into several time zones.

13. The time difference between New York City and Denver, Colorado, is three hours.

14. It's confusing to have so many different time zones.

Respuestas
12. F

13. TT, a menos que sepa la diferencia de horario, en cuyo caso podría llamar esto un hecho. En realidad, esto es un hecho *falso;* la diferencia entre la Ciudad de Nueva York y Denver es de dos horas.

14. O

HECHOS *VERSUS* OPINIONES EN EL RAZONAMIENTO CRÍTICO

Miremos ahora una situación en la que tiene que usar las capacidades de razonamiento y pensamiento crítico para tomar una decisión y es importante distinguir entre hechos y opiniones. Volvamos al ejemplo en la que tiene que invertir la herencia de su tío abuelo. Para tomar una buena decisión, necesita saber la diferencia entre hechos y opiniones, además de poder reconocer cuándo las opiniones están basadas en hechos. Primero, sigamos practicando sólo la diferencia entre hechos y opiniones.

PENSAR *VERSUS* SABER

PRÁCTICA

15. Read the following paragraphs carefully. **Highlight** the facts and underline the opinions.

Paragraph A:

There are lots of different ways to invest your money. Many people invest in stocks and bonds, but I think good old-fashioned savings accounts and CDs (certificates of deposit) are the best way to invest your hard-earned money. Stocks and bonds are often risky, and it doesn't make sense to gamble with your hard-earned money. True, regular savings accounts and CDs can't make you a millionaire overnight or provide the high returns some stock investments do. But unless you're an expert, it's hard to know which stocks will provide you with that kind of return. Besides, savings accounts and CDs are fully insured and provide steady, secure interest on your money. That makes a whole lot of cents.

Paragraph B:

Many folks are scared of the stock market—but they shouldn't be. True, the stock market is risky, but the gamble is worth it. Besides, playing it safe requires too much patience. The stock market is by far the best option for today's investors.

Respuestas

How did you do? Was it easy to distinguish between fact and opinion? Here's what your marked-up passages should look like:

Paragraph A

There are lots of different ways to invest your money. Many people invest in stocks and bonds, but I think good old-fashioned savings accounts and CDs (certificates of deposit) are the best way to invest your hard-earned money. **Stocks and bonds are often risky**, and it doesn't make sense to gamble with your hard-earned money. **True, regular savings accounts and CDs can't make you a millionaire overnight or provide the high returns some stock investments do.** But unless you're an expert, it's hard to know which stocks will provide you with that kind of return. Besides, **savings accounts and CDs are fully insured and provide steady, secure interest on your money.** That makes a whole lot of cents.

Paragraph B

Many folks are scared of the stock market—but they shouldn't be. **True, the stock market is risky**, but the gamble is worth it. Besides, playing it safe requires too much patience. The stock market is by far the best option for today's investors.

PRÁCTICA

16. Now that you've distinguished fact from opinion in these paragraphs, which paragraph should you take more seriously when deciding what to do with your uncle's inheritance? Write your answer on a separate piece of paper.

LearningExpress Skill Builders • LESSON 3

Respuesta

Debe haber elegido el **párrafo A** como el que hay que considerar más seriamente. En el párrafo A existe un buen equilibrio entre hechos y opiniones y la mayoría de las opiniones del escritor están basadas en hechos. Por otro lado, el párrafo B incluye muchas opiniones sin respaldo alguno.

Resumen

Es esencial poder distinguir entre hechos y opiniones en cuanto a capacidades de razonamiento y pensamiento crítico. Para poder tomar decisiones prudentes y resolver problemas eficientemente, uno necesita saber la diferencia entre lo que *piensan* (opinión) las personas y lo que *saben* (hecho); entre lo que *creen* que es verdad (opinión) y lo que se *ha probado* que es verdad (hecho). También podrá determinar si algo que se presenta como un hecho es verdad o si debe aceptarlo como una verdad tentativa.

El desarrollo de capacidades entre lección y lección

- Escuche lo que otros dicen hoy y trate de determinar si afirman un hecho o si expresan una opinión. Si no está seguro, ¿está bien aceptarlo como una verdad tentativa?
- Al toparse con hechos y opiniones durante el día, practique convertirlos en lo opuesto: convierta opiniones en hechos y hechos en opiniones

L·E·C·C·I·Ó·N 4
EVALUAR LA CREDIBILIDAD

RESUMEN DE LA LECCIÓN

Cuando estamos ante opiniones y verdades tentativas, es importante saber hasta qué punto podemos confiar en nuestras fuentes y cuánto saben del tema sobre el que hablan. Esta lección le enseñará a evaluar la credibilidad para que pueda juzgar mejor sus fuentes y por lo tanto tomar mejores decisiones.

Ha decidido ver una película esta noche, pero aún no sabe cuál. Está pensando en ver la última de Steven Spielberg, por lo que decide averiguar lo que piensan otros de ella. Su compañero de trabajo que va al cine por lo menos dos veces por semana dice que es una de las mejores películas que ha visto nunca y que le encantará. Su hermana, una secretaria legal que lo conoce muy bien, dice que no le gustó demasiado y que a usted no le va a gustar en absoluto. Una reseña en el *Times* la califica de "aburrida", "decepcionante" y "sin inspiración". Sin embargo, un anuncio de página entera del mismo periódico la califica de "deslumbrante", "un verdadero triunfo fílmico." ¿Qué decide hacer?

En cada una de estos casos, se encuentra con opiniones o lo que varias personas *piensan* de la película. ¿A cuál de estas opiniones debe darle más importancia? ¿Cómo toma su decisión?

Definición: ¿En qué consiste la credibilidad?

Cuando se encuentra con una variedad de opiniones entre las cuales elegir, uno de los elementos más importantes a considerar es la **credibilidad** de las personas que las ofrecen. Esto es, tiene que considerar cuál es la opinión de más confianza o más válida en esa situación en particular.

> Tener credibilidad: ser digno de crédito, confiable

La credibilidad es también muy importante al toparse con esas verdades tentativas que vimos en la lección anterior. Cuando se le ofrecen opiniones o hechos que le cuesta aceptar y que tampoco puede verificar, la credibilidad de la fuente es vital para ayudarlo a decidir si aceptar estas opiniones o verdades tentativas o no.

¿Cómo determinar la credibilidad?

Muchos factores determinan la credibilidad de una fuente. Uno, por supuesto, es su experiencia previa con esa fuente. ¿Ha sido confiable en el pasado? ¿Tiene alguna razón por la cual dudar de la veracidad o confiabilidad de esta fuente a causa de experiencias previas?

Luego, necesita considerar el potencial de parcialidad y el nivel de experiencia. Pero volvamos un momento a las circunstancias de ir al cine. Aquí, tenemos cuatro opiniones diferentes a considerar:

- Lo que piensa su compañero de trabajo.
- Lo que piensa su hermana.
- Lo que dice la reseña del *Times*.
- Lo que dice el anuncio del *Times*.

De las cuatro, ¿cuál será la fuente menos digna de crédito (la menos confiable)? y ¿por qué?

Debe haber elegido el anuncio del *Times* como la fuente menos digna de crédito. ¿Por qué? Por la simple razón de que es un anuncio y ningún anuncio va a decir cosas negativas acerca del producto que está intentando vender, ¿no? Los anuncios generalmente tienen una credibilidad limitada porque son *parciales*.

Reconocer la parcialidad

Ser **parcial** es tener una opinión o sentimiento que favorece fuertemente un lado sobre otros; es estar predispuesto a apoyar un lado o un prejuicio contra otros. El anuncio de página entera del *Times*, por supuesto, tiene un interés creado en apoyar la película. No importa si es buena o mala, el anuncio va a incluir sólo comentarios favorables para que usted vaya a verla.

La publicidad tiene el claro objetivo de generar ingresos. Pero la parcialidad es común incluso en situaciones cotidianas. Usted puede encontrar menos confiable la opinión de su vecino sobre el candidato Warren porque deja que su perro haga sus necesidades en su jardín. En este caso, estaría influenciado por estar molesto con su vecino en vez de la validez de su opinión. Necesita recordar separar sus sentimientos por el vecino de lo que realmente dice.

De modo similar, puede ser que otro vecino diga cosas maravillosas acerca del candidato Wilson, pero si usted sabe que este vecino es el primo de Wilson, o que Wilson le ha prometido un cargo en el consejo local, puede entender que su vecino tiene interés en que vote por Wilson. Por lo tanto, es importante saber todo lo posible acerca de sus fuentes al decidir cuánto peso darle a sus opiniones.

EVALUAR LA CREDIBILIDAD

PRÁCTICA

Según las circunstancias delineadas abajo, coloque una B (de *"biased"*) al lado de los que le parece que podrían ser parciales. Si piensa que alguno va a tener una opinión imparcial y razonable, ponga una U (de *"unbiased"*) en el espacio en blanco.

Situation: Congress is now debating a new tax reform proposal that makes filing taxes easier.

____1. The author of the proposal

____2. A professor of tax law

____3. A tax preparer

____4. The average taxpayer

Respuestas

1-B; 2-U; 3-B; 4-U. El autor de la propuesta (1), por supuesto, tiene un interés personal en la propuesta y que sea aprobada. Un preparador de impuestos (3), por otra parte, tiene un interés personal en que la propuesta sea rechazada, porque si la reforma facilita la declaración impositiva, podría reducir su volumen de negocios. El profesor (2) puede tener una opinión definida acerca de la propuesta, pero será generalmente objetiva, pues no gana ni pierde nada si la propuesta es aprobada o rechazada (excepto, por supuesto, como contribuyente). Y al contribuyente medio (4) le gustará la propuesta, con razón, pero no por ser parcial.

NIVEL DE EXPERIENCIA

Volvamos de nuevo al ejemplo de la película. Ahora tiene tres posibilidades distintas. ¿Cómo determina cuál de las opiniones tiene más credibilidad? No va a ser fácil, pero tomemos en cuenta algún criterio más para la credibilidad. Una vez que identifique posibles parcialidades, tiene que confirmar el siguiente criterio: **experiencia.**

En términos generales, cuánto más sepa una persona de un tema y más experiencia tenga en esa área, más cómodo debe sentirse aceptando su opinión. Esto es, en general, cuanta más experiencia tenga una persona, mayor será su credibilidad.

En esta situación, la experiencia se puede dividir en dos categorías: familiaridad con el cine y familiaridad con usted y sus gustos personales. Por lo tanto, tiene que decidir cuánto saben estas tres fuentes de lo que constituye una buena película y de lo que le gusta a usted en cuanto al cine.

PRÁCTICA

Rank each of these three sources in each area of expertise. Use 1 for the source with the most expertise, and 3 for the source with the least.

5. Knowledge of movies:

____co-worker
____sister
____*Times* review

6. Knowledge of you and your taste in movies:

____co-worker
____sister
____*Times* review

Respuestas

5. Familiaridad con el cine: 1-reseña del *Times;* 2-compañero de trabajo; y 3-hermana. Aunque su compañero de trabajo no es un crítico de cine profesional como el escritor de la reseña del *Times,* va al cine con suficiente frecuencia para tener alguna credibilidad como experto. Puede ser que no esté usted de acuerdo con su criterio sobre los elementos que juntos hacen una buena película, pero por lo menos debe tener algún criterio.

6. **Familiaridad con usted y sus gustos personales:** Probablemente 1-hermana; 2-compañero de trabajo; 3-reseña del *Times,* aunque puede variar mucho. El modo de calificar el *Times* depende enteramente de la experiencia que usted tiene con él. Si no ha leído nunca una reseña del *Times,* o no lo hace generalmente, debe ser calificado de tener menos experiencia aquí. Sin embargo, si de costumbre lee las reseñas, puede haber descubierto que por lo general está de acuerdo con las opiniones del crítico. Esto es, que usualmente le gustan las películas que reciben buenas reseñas y no las que reciben malas reseñas. En este caso, puede poner la reseña del *Times* primero. Por otro lado, puede haber descubierto que por lo general no está de acuerdo con los críticos y que usualmente le gustan las películas que a ellos no. En ese caso, la reseña del *Times* debe estar última en la lista.

DETERMINAR EL NIVEL DE EXPERIENCIA

En muchas salas de justicia, los abogados llaman a un "testigo experto" para fortalecer su caso. Estos testigos expertos por lo general no forman parte del caso, esto es, usualmente no están involucrados en el delito alegado ni tienen ningún tipo de relación con el acusado. De no ser así, podrían ser parciales. Por ejemplo, en un caso de crimen en el que el acusado se declare demente, el fiscal y la defensa podrían recurrir a psicólogos que pudieran ofrecer opiniones expertas sobre la capacidad del acusado de distinguir el bien del mal.

Para que este testimonio sea una ayuda para cualquiera de las partes, sin embargo, el jurado tiene que estar convencido de que el testigo experto es realmente un *experto,* de que tiene credibilidad. Los abogados ayudarán a establecer esta credibilidad al señalar los detalles de los siguientes temas acerca del testigo experto:

- Educación
- Experiencia
- Puesto o profesión
- Reputación
- Logros

Estos cinco criterios son los que uno debe buscar al determinar el nivel de experiencia, y por lo tanto la credibilidad, de alguien. Una categoría no es necesariamente más importante que la otra, aunque la educación y la experiencia de alguien por lo general tienen más peso que la de otras.

Consecuentemente, un testigo experto sobresaliente para este juicio podría tener el siguiente perfil:

Dr. John Francis
Educación: Doctorado, Harvard University
Experiencia: 10 años en el Hospital médico del condado; 15 años en el Centro psiquiátrico de Harvard
Puesto: Actualmente Jefe de cuidados psiquiátricos en el Centro psiquiátrico de Harvard; enseña cursos graduados en Harvard
Reputación: Clasificado como uno de los 10 mejores en la costa oriental
Logros: Ha ganado varios premios; fue invitado a servir en un comité judicial federal para establecer pautas para determinar la demencia; ha escrito tres libros de texto y publicado 20 artículos en boletines

Note que el Dr. Francis tiene grandes méritos en cada una de las cinco categorías.

PRÁCTICA

Using the criteria for expertise, rank the choices below for credibility in the given situations. Use 1 for the per-

EVALUAR LA CREDIBILIDAD

son with most expertise, and 4 for the person with the least.

7. How to invest your inheritance from your great uncle
   a. your great uncle's financial advisor
   b. an investment banker
   c. your favorite bank teller
   d. *Investors Weekly* magazine

8. What kind of car you should buy
   a. your brother
   b. your mechanic
   c. *Consumer Reports*
   d. the car dealer nearest you

Respuestas

7. **1–d; 2–a; 3–b; 4–c,** aunque 1 y 2 no se separan por mucho. Aquí, *Investors Weekly* está clasificado primero porque es la fuente menos parcial y probablemente más completa. El consejero financiero de su tío abuelo, sin embargo, también tiene un nivel de experiencia muy alto. Está claro que hizo un buen trabajo, ya que recibió una herencia considerable de su tío abuelo, además de que obviamente cree en la inversión. El único motivo por el cual dudar en poner primero a su consejero es el potencial de parcialidad que tiene: podría querer tenerlo como cliente. Por esto el banquero de inversión es clasificado tercero. Aunque pueda ser muy instruido; él también podría tener ciertas ideas y opiniones específicas en cuanto a su negocio y probablemente querría tenerlo como cliente también. Además, como es banquero, puede estar más limitado en su conocimiento que un consejero financiero. Por último, su cajero de banco preferido tiene varios problemas. El peor es que es probable que su educación y experiencia relacionada con las inversiones sean muy limitadas.

8. Su calificación depende aquí de cuánto sepa su hermano sobre los autos. Si él ha comprado varios en los últimos años, es el tipo de persona que investiga lo relevante y tiene un estilo de vida y presupuesto similares a los suyos, entonces tendrá mucha experiencia. Esto también es verdad si es mecánico, administra una concesionaria de automóviles o tiene alguna otra conexión con los negocios automovilísticos. Esperaríamos que él fuera honesto con usted y que no tratase de convencerlo de comprar el tipo de auto que vende salvo que realmente creyera que es el mejor para usted. Si su hermano no sabe mucho sobre autos, las fuentes tendrían que clasificarse del modo siguiente: **1-c; 2-b; 3-d.** El vendedor de automóviles, por supuesto, es el más parcial de todas las fuentes, y es posible que los vendedores no sepan mucho sobre marcas y modelos de autos más allá de los que se encuentran en su concesión.

CASO ESPECIAL: LA CREDIBILIDAD DEL TESTIGO OCULAR

Uno de los casos más difíciles pero más importantes en el que determinar la credibilidad es el de los testigos oculares de un crimen u otro incidente. Desafortunadamente, el simple hecho de que una persona estuviera presente no quiere decir que su versión de los hechos vaya a ser digna de crédito. Un factor que evidentemente puede interferir en la credibilidad del testigo es, por supuesto, la parcialidad. Digamos que dos compañeros de trabajo, Andrea y Brady, hayan peleado. Hubo tres testigos. Alberto es amigo de Andrea; Bea es amiga de Brady; y Cecil es amigo de los dos, Andrea y Brady. Es muy posible que lo que "vio" Alberto favorecerá a Andrea y que lo que vio Bea favorecerá a Brady. Lo que vio Cecil, sin embargo será lo más aproximado a la verdad.

De todos modos, otros factores pueden interferir en la credibilidad de los testigos. Si un incidente ocurriera en un bar, por ejemplo, tendríamos varias interferencias posibles. Estaría oscuro, ruidoso y lleno de humo y los testigos estarían tomando alcohol, cansados o poco atentos a su entorno.

Es más, cuanto más tiempo pase entre el acontecimiento y el momento de hacer las preguntas, menos confiable será la versión de los hechos del testigo. Piense un momento en su niñez. ¿Alguna vez contó una historia de algo que pasó cuando era pequeño para ser corregido por sus padres o hermanos diciéndole que "No ocurrió así"? Su versión de los hechos es diferente. ¿Por qué? Porque nuestros recuerdos se desvanecen rápidamente y pueden ser influenciados por nuestras propias ideas sobre nosotros mismos y otros.

Por lo que existen por lo menos cuatro factores que influyen en la credibilidad del testigo ocular:

- Parcialidad
- Entorno
- Condición física y emocional del testigo
- Tiempo entre el acontecimiento y el momento de recordarlo

PRÁCTICA

Pretend you are a police officer who has just arrived at the scene of a fight between two young men on a street corner. Three people witnessed the incident, which occurred at 9:00 P.M. You arrive and begin interviewing witnesses at 9:20 P.M. The street corner is well lit.

9. Who do you think is the most credible witness, and why?

Witness A is an elderly woman who was sitting on the stoop about ten feet from the corner. She was wearing her glasses, but she admits that she needs a stronger prescription. Her hearing, however, is fine. She doesn't know either boy involved in the incident, though she's seen them around the neighborhood before.

Witness B is a friend of one of the boys but does not know the other. He is an outstanding student at the local high school and a star basketball player. He was at the deli around the corner buying bread when he heard the boys shouting and came out to see what was going on. He had just had a fight with his girlfriend.

Witness C is a stranger to the neighborhood. He was crossing the street toward the corner when the boys started fighting. He has 20/20 vision. He is 45 and has two teenage children. He was only a few feet away from the boys when the fight occurred.

Respuesta

9. Aunque el **Testigo C** puede haber estado distraído por el tráfico, es probable que sea el testigo ocular más confiable. Iba en dirección a la esquina y miraba a los chicos. Puede ser que no pudiera escuchar lo que ocurrió al principio, pero debe haber podido verlo con precisión. Tiene una vista perfecta y no hay por qué sospechar que sea parcial.

La **Testigo A** sería la próximo en la lista. Aunque ella no podría haber visto todo con tanta precisión

EVALUAR LA CREDIBILIDAD

como el **Testigo C,** estaba suficientemente cerca para haber podido escuchar lo que pasó entre los chicos. Otra vez, no tenemos por qué sospechar que sea parcial.

El **Testigo B** será el menos confiable. Aunque tiene una buena reputación, tiene dos elementos en su contra. Primero, es amigo de uno de los chicos y por lo tanto podría ser parcial. Segundo, acaba de pelear con su novia, por lo que podría haber estado distraído y sin prestar mucha atención a lo que ocurría.

Resumen

Al tomar decisiones y resolver problemas, es importante considerar la credibilidad de las fuentes. Para determinar si alguna fuente es de confianza, debe primero descartar la posibilidad de que sea parcial y luego evaluar su nivel de experiencia. La experiencia se determina considerando la educación, la experiencia, profesión o puesto, reputación y logros. La credibilidad de un testigo ocular, por otro lado, se determina considerando la posibilidad de que sea parcial, el entorno, la condición del testigo, el tiempo que pasa entre el acontecimiento y el momento de recordarlo.

El desarrollo de capacidades entre lección y lección

- Mientras habla con otros hoy y escucha sus opiniones y verdades tentativas, piense en su credibilidad. ¿Serán parciales? ¿Cuál es su nivel de experiencia? Recuerde, la credibilidad de una fuente puede cambiar según el tema en cuestión.
- Mire un programa policíaco o legal de la televisión como *Homicide*, *NYPD Blue* o *Law & Order*. Mientras mira, preste mucha atención a cómo los detectives y los abogados determinan la credibilidad de sus testigos y otros involucrados en el caso.

L·E·C·C·I·Ó·N 5
AFIRMACIONES PARCIALES Y VERDADES A MEDIAS

RESUMEN DE LA LECCIÓN

Todos los días nos bombardean con afirmaciones parciales y verdades a medias cuyo objetivo es motivarnos a comprar un producto o apoyar una causa. Esta lección le mostrará cómo reconocer afirmaciones parciales y objetivos últimos.

Usted está tirado en el sofá viendo su programa favorito de la televisión y comienzan las propagandas. De repente, un anunciador hermoso aparece en la pantalla y le dice que el nuevo detergente *Stain-Ex* funciona mejor que la marca principal *y* ¡es más barato! Parece un producto maravilloso. Pero ¿debe usted salir corriendo a comprarlo?

En realidad, más allá del hecho de que estará muy cómodo allí tirado en el sofá, la respuesta es negativa por el momento. Primero debe investigar un poco más.

El problema de las afirmaciones incompletas

¿Por qué no debe salir a comprar *Stain-Ex*? Al fin y al cabo, "funciona mejor que la marca principal" *y* "¡es más barato!" Así que, ¿cuál es el problema?

LearningExpress Skill Builders • LESSON 5

El problema es que mientras las afirmaciones del anunciador *sueñan* como hechos, son sumamente engañosas a propósito. Tal vez *Stain-Ex* haya "funcionado mejor" que la marca principal (¿qué marca es ésa?), pero ¿en qué categoría? ¿Capacidad de eliminar manchas? ¿De blanquear? ¿De fortalecer los colores? ¿De enjabonarse? ¿De enjuagarse? ¿De oler bien? El anuncio no lo explica. La afirmación *sueña* bien, pero es tan incompleta que no hay modo de saber *qué* es lo que afirma. Y hasta que determine exactamente qué es lo que afirma, es difícil aceptarlo aun como una verdad a medias.

Es más, la propaganda afirma que *Stain-Ex* es "más barato". Como la primera afirmación compara *Stain-Ex* a la marca principal, es fácil asumir que *Stain-Ex* es más barato que la *marca principal*. Pero, ¿es eso lo que el anuncio dice realmente? Si no está escuchando con cuidado, es fácil escuchar lo que uno desea escuchar o, más bien, lo que los fabricantes de *Stain-Ex* desean que escuche. La propaganda dice simplemente que *Stain-Ex* es "más barato." Nunca dice en comparación con *qué*. Asumir que cuesta menos que la marca principal es caer directamente en la trampa del anuncio. Esta táctica es buena para *Stain-Ex*, pero no tanto para usted ni para la marca principal.

Hojee prácticamente cualquier revista popular y encontrará página tras página de propagandas que hacen este tipo de afirmación incompleta. Estos anuncios pueden usar palabras o frases poco claras, omitir información esencial o comparar elementos incomparables. Por ejemplo, podría ver un anuncio que afirma que la nuevas papas *Crispy Potato Chips* tienen un tercio de la grasa por porción de papas *Munch Chips*. Suena bien, ¿no? Pero, ¿qué información importante ha sido omitida? ¿Qué es lo que necesita saber para determinar si ésta es una comparación justa o no?

Lo que el anuncio omite, por supuesto, es el tamaño de la porción. Sin esa información, ¿cómo puede saber si es una comparación justa? Tal vez una porción de papas *Crispy Chips* es de dos onzas mientras que una de papas *Munch Chips* es de seis. En este caso, las papas *Crispy Chips* engordan tanto como las papas *Munch Chips*.

Para mayor seguridad, tenga cuidado con cualquier comparación que sea incompleta y no muestre exactamente con qué artículo se está comparando.

PRÁCTICA

Abajo hay varias afirmaciones y comparaciones incompletas. Vuelva a escribirlas para que sean completas.

Ejemplo:
Incomplete claim: Now with 20% more flavor!
Revised claim: Now with 20% more onion flavor than our old recipe!

1. Incomplete claim: Energy Batteries last longer!
   Revised claim:

2. Incomplete claim: New and improved Mildew-Gone is tougher.
   Revised claim:

3. Incomplete claim: Smooth-Touch toilet tissue—twice the paper at half the price!
   Revised claim:

Respuestas

Las respuestas podrán variar. Abajo hay algunas posibles revisiones:

1. Energy Batteries last two hours longer than Forever Last!

2. New and improved Mildew-Gone is tougher on mildew stains than our old formula.

3. Smooth-Touch toilet tissue—twice as much paper as Thompson tissue at half the price per roll!

PRUEBAS Y ESTUDIOS

Los fabricantes de la propaganda para *Stain-Ex* saben de sus sospechas, así que la han modificado. Ahora el anunciador le dice:

> Studies show that new Stain-Ex out-performs the leading brand in laboratory tests. And it costs less per fluid ounce than Tidy!

Evidentemente han arreglado la afirmación de ser "más barato". Pero, ¿qué ocurre con sus pruebas? ¿Será que ahora puede creer con seguridad que *Stain-Ex* es mejor detergente que la marca principal?

No necesariamente. Otra vez, lo que el anuncio dice *suena* muy bien, pero tiene que recordar que esto es un anuncio, lo cual significa que tiene que cuestionar su credibilidad. Sus preguntas deben ser aun más insistentes porque el anuncio no le dice nada *sobre* las pruebas. No sabe, por ejemplo:

- ¿Quién llevó a cabo las pruebas?
- ¿Cómo se llevaron a cabo?
- ¿Qué es exactamente lo que se puso a prueba?
- ¿Cuáles fueron exactamente los resultados?

Dedicaremos una lección entera a la discusión de pruebas y estudios más adelante en el libro. Por ahora, sin embargo, es importante recordar que las pruebas y los estudios pueden ser manipulados para lograr ciertos resultados. En otras palabras, es importante ser escéptico en cuanto a pruebas, encuestas y estudios. Éstos deben ser aceptados solamente como verdades tentativas hasta que encuentre las respuestas al tipo de preguntas que hemos hecho arriba. Puedo decir, por ejemplo, que "4 de 5 dentistas consultados recomendaron la pasta dentífrica *Cleanright* a sus pacientes". Para que esta afirmación sea verdadera, lo único que tengo que hacer es preguntarles a 5 dentistas, 4 de los cuales son mis amigos y sé que *recomiendan* esa pasta dentífrica. ¿Es justa mi encuesta? Por supuesto que no. Pero ahora puedo hacer esta afirmación y suena muy bien al consumidor.

Probablemente lo más importante es considerar quién llevó a cabo el estudio. ¿Por qué? Porque saber quién lo lleva a cabo puede determinar si es legítimo o no. ¿Tienen estas personas algún interés en los resultados? Por ejemplo, si un grupo independiente de consumidores condujera las pruebas de laboratorio de *Stain-Ex*, ¿se sentiría mejor en cuanto a aceptar sus afirmaciones como verdades tentativas? Definitivamente, porque no es muy probable que sean parciales. Pero si *Stain-Ex* mismo hizo las pruebas, la probabilidad de que sean parciales es muy grande y es mejor ser escéptico ante esa afirmación.

En el mundo real, por supuesto, es más complicado, pero la idea general es que los estudios y las encuestas no son siempre confiables.

PRÁCTICA

Lea las siguientes afirmaciones con cuidado. ¿Cuáles son completas y creíbles (C)? ¿Cuáles son incompletas o increíbles (I)?

____ **4.** Recent taste tests prove Rich Chocolate Frosting tastes best.

____ **5.** According to a Temple University study, 3 out of 5 Philadelphia shoppers surveyed have used their debit cards instead of cash to pay for groceries at their local supermarkets.

____ **6.** A recent survey shows Americans prefer Choco-Bites to regular chocolate chip cookies.

Respuestas

4. **I.** Ante todo, la validez de las pruebas de degustación debe ser cuestionada. Luego, la frase "tastes best" es ambigua.

5. **C.** Esta afirmación está bien. Podría haber más información sobre el estudio, pero como es un estudio universitario de supermercados, hay poca probabilidad de parcialidad. Es más, la afirmación reconoce que los resultados se basan en 3 de cada 5 compradores *incluidos en la encuesta*. Esto es, no tratan de sugerir que han incluido a todos.

6. **I.** Esta afirmación tiene varios problemas. Primero, la ambigüedad de la afirmación "a recent survey". Segundo, ¿qué son las galletas "normales" con pedacitos de chocolate?

PROMEDIOS

Recientemente, usted ha escuchado a alguien en la televisión afirmar que "The average American teenager spends 29 hours per week watching television". ¿Qué tiene de malo esta afirmación, además de que es un poco perturbante?

El problema de esta afirmación está en la palabra *average* (común), una palabra que muchas veces se utiliza mal y con la intención de engañar a alguien. Aquí, el problema es *definir* común. ¿Cómo es el adolescente americano *average* o común? ¿Qué edad tiene? ¿Qué hábitos? ¿Cuáles son sus gustos? El modo en que definamos "*the average American teenager*" puede afectar bastante el sentido de esta afirmación.

A veces, usar la palabra *average* o común para describir algo es suficiente, como en el caso de la *banana común*, por ejemplo. Pero muchas veces depende de la perspectiva del que habla. Mi definición del adolescente común, por ejemplo, será muy distinta a la de mis padres, y las dos serán muy distintas a la de mi primo de 15 años.

La palabra *average* puede ser dificultosa cuando hablamos de números. Fíjese, por ejemplo, en el siguiente anuncio:

> Looking for a safe, secure place to start a family? Then come to Serenity, Virginia. With an average of ten acres per lot, our properties provide your children with plenty of space to grow and play. Our spacious lawns, tree-lined streets and friendly neighbors make Serenity a great place to grow up!

Suena maravilloso el lugar, ¿no? Desafortunadamente, este anuncio es muy engañoso si le parece que se va a mudar a un terreno grande.

AFIRMACIONES PARCIALES Y VERDADES A MEDIAS

En la mayoría de los casos, **average** significa *promedio,* el resultado de dividir el total por el número de participantes. Vamos a ver cómo *Serenity* llegó a este número. Aquí tiene los hechos:

En *Serenity,* hay 100 terrenos. Diez de estos terrenos son de 91 acres cada uno. Noventa de estos terrenos son de solamente un acre cada uno.

```
 10 × 91 = 910
 90 ×  1 =  90
           1000   (total acres)
         ÷ 100   (number of properties)
            10   (average acres per property)
```

Efectivamente, diez acres es el promedio. Pero ¿es esto representativo de la mayoría de los terrenos de *Serenity*? ¿Da una idea precisa de ellos? Es obvio que no. En *Serenity,* la casa típica está situada en tan sólo un acre, no diez

Es importante tener en cuenta que un *promedio* no necesariamente indica algo *típico* o *usual.* Desafortunadamente, es lo que piensa la gente por lo general cuando escuchan la palabra *average.* Es por esto que un anuncio como éste puede ser tan engañoso.

PRÁCTICA

Lea las siguientes afirmaciones con cuidado para determinar si el uso de la palabra *average* es aceptable o problemático. Si la palabra es problemática, explique por qué.

7. The average woman lives a happier life than the average man.

8. The average life span of American women is two years longer than that of Canadian women.

9. The average salary at Wyntex Corporation is $75,000.

Respuestas

7. Muy problemático. ¿Cómo es la mujer "*average*"? ¿El hombre "*average*"? Es más, ¿cómo se define "más feliz"? ¿Más feliz cómo?

8. Aceptable.

9. Problemático. La diferencia entre los salarios en una compañía como *Wyntex* puede ser tan grande que una suma como $75.000 puede no ser representativa del salario típico. Si el presidente y el director ejecutivo (CEO) ganan $2 mil millones al año, por ejemplo, eso definitivamente infla el promedio. Mientras tanto, la mayoría de los empleados en la compañía pueden ganar menos de $40.000

RESUMEN

¡Las afirmaciones parciales y verdades a medias pueden *parecer* y *sonar* muy convincentes! Pero un pensador crítico como usted tiene que tener cuidado con tal tipo de afirmación. Cuando un individuo está intentando convencerlo de que haga algo, como hacen los anunciadores cientos de veces por día, cuídese de afirmaciones engañosas que dan la impresión de ser más sólidas de lo que son en realidad.

El desarrollo de capacidades entre lección y lección

- Fíjese en una revista popular y busque anuncios que hacen afirmaciones incompletas. Compárelos con los anuncios que demuestran tener más respeto por su juicio y le dan más información.
- Escuche cuidadosamente a otros hoy en el trabajo, en la radio, en la televisión. ¿Escucha alguna afirmación incompleta? ¿Observa algún "average" sospechoso?

L·E·C·C·I·Ó·N 6
LA PERSUASIÓN

RESUMEN DE LA LECCIÓN

Las palabras que usan las personas pueden tener un efecto fuerte en los que escuchan. Al escoger ciertas palabras en vez de otras o al formular preguntas de modo que dirigen sus respuestas, las personas pueden tratar de influenciarlo para que piense o reaccione de cierto modo. Esta lección le mostrará cómo reconocer este tipo de persuasión sutil.

Usted tiene un primo al que le gusta lanzarse en paracaídas, escalar montañas y correr carreras de automóviles. ¿Cómo lo describiría?

- Temerario
- Audaz
- Despreocupado

Con lo diferentes que son estas palabras, cada una puede ser usada para describir a una persona que participa en las actividades anteriores. La palabra que usted escoge, por supuesto, depende de su opinión sobre estas actividades. Claramente, *despreocupado* es la palabra más positiva; *audaz* es más o menos neutra; y *temerario* es completamente negativa. La palabra que usted escoja transmitirá cierta imagen de su primo, sea ésta su intención o no.

Las palabras son poderosas, y pueden influenciarnos sin que nos demos cuenta. Esto ocurre porque conllevan por lo menos dos niveles de sentido: la denotación y la connotación. La **denotación** es el significado exacto de la palabra en el diccionario. La **connotación** es el sentido implícito o sugerido, el impacto emocional que conlleva una palabra. Por ejemplo, *delgado, esbelto* y *flaco* todos significan esencialmente lo mismo, esto es, tienen la misma denotación, pero tienen diferentes connotaciones. *Esbelto* sugiere elegancia mientras que *delgado* y *flaco* no. *Flaco,* por otro lado, sugiere dureza o escasez mientras que *delgado* y *esbelto* no.

> **Denotación:** el significado de una palabra en el diccionario
> **Connotación:** el impacto emocional o sentido implícito de una palabra

Como las palabras tienen tanto peso, los anunciadores, los políticos y cualquier otro que quiere convencerlo de una cosa u otra escogen sus palabras con cuidado. Al usar técnicas sutiles de persuasión, muchas veces pueden manipular sentimientos e influenciar reacciones de una manera tan astuta que los espectadores y oyentes no lo perciben. La mejor manera de impedir este tipo de influencia es tener conciencia de estas técnicas. Si usted puede reconocerlas, pierden su poder. Es como observar a un mago en el escenario una vez que sabe el secreto que se esconde detrás de sus trucos. Puede apreciar su arte, pero ya no está hechizado.

Vamos a tratar tres diferentes técnicas de persuasión sutil en esta lección: *eufemismos, disfemismos* y *preguntas parciales.*

EUFEMISMOS Y DISFEMISMOS

Los **eufemismos** constituyen la más común de las técnicas de la persuasión sutil. Probablemente los ha usado muchas veces sin siquiera darse cuenta. Un eufemismo consiste en reemplazar una frase fuerte, negativa u ofensiva con una más suave y positiva.

Por ejemplo, hay muchas maneras de decir que una persona ha muerto. *Morir* es en sí misma una palabra neutra, esto es, expresa el hecho de morir directamente sin tratar de agregarle un estado de ánimo. Sin embargo, muchas veces se suaviza esta palabra al reemplazarla con un eufemismo, como alguno de los siguientes:

- fallecer
- pasar a mejor vida
- irse de este mundo
- expirar
- fenecer
- perecer
- sucumbir

Tal y como podemos expresar *morir* de una forma más suave o positiva, una que sugiera un movimiento a un mejor lugar, por ejemplo, también podemos decirlo de modo más rudo o negativo, como en los ejemplos siguientes:

- reventar
- estirar la pata
- cantar pal carnero

Cuando reemplazamos una expresión neutra o positiva con una negativa o desagradable, usamos un **disfemismo.**

LA PERSUASIÓN

> **Eufemismo:** una expresión más suave o positiva usada en lugar de una negativa o desagradable
>
> **Disfemismo:** una expresión más negativa o desagradable usada en lugar de una neutra o positiva

Los eufemismos y disfemismos últimamente se usan más que nunca, especialmente en propagandas, los medios y por políticos para influenciar nuestros pensamientos y sentimientos. Tome, por ejemplo, la frase *autos usados*. Los negociantes de automóviles usados antes vendían *autos usados*, ahora venden *vehículos como nuevos*. ¿Nota el eufemismo? La frase más agradable *vehículos como nuevos* no incluye la idea de que otras personas los han *usado*; sólo se refiere a las *buenas condiciones* en las que están.

Los eufemismos se usan mucho en asuntos políticos y sociales. Si uno está en contra del aborto, por ejemplo, tiene una postura *pro-life* o en pro de la vida. Si uno está a favor de tener derecho a abortar, por otra parte, tiene una postura *pro-choice* o en pro de tener la opción. ¿Se da cuenta de lo importante que son los eufemismos? ¿Cómo podría uno estar *en contra de* la vida? ¿O *en contra de* tener la opción?

PRÁCTICA

Con cada una de las palabras o frases neutras abajo, trate de encontrar un eufemismo y un disfemismo para cada una.

1. Boss

2. Prostitute

3. Police officer

Respuestas

Las respuestas podrán variar. Abajo hay algunas posibles:

Euphemism	Dysphemism
1. mentor	slave driver
2. lady of the evening	whore
3. protector	pig

PRÁCTICA

Lea cuidadosamente cada una de las siguientes oraciones. Si ve un eufemismo, escriba una E en el espacio en blanco. Si ve un disfemismo, escriba una D. Si la oración le parece neutra, escriba una N.

EJEMPLOS DE EUFEMISMOS Y DISFEMISMOS

Palabras o frases neutras	Eufemismo	Disfemismo
war	military campaign	mass murder
inexpensive	economical	cheap
politician	public servant	influence peddler
murder	terminate	slaughter

LearningExpress Skill Builders • LESSON 6

____ **4.** Al saved a lot of money on his taxes this year with his creative accounting measures.

____ **5.** She is very good at taking care of details.

____ **6.** He's not crazy; he's just a little unusual, that's all.

____ **7.** I'm off to see my shrink.

Respuestas

4. E. "creative accounting measures"

5. N

6. E. "a little unusual"

7. D. "shrink"

PREGUNTAS PARCIALES

Imagínese que alguien lo para en la calle y le pide que participe en una encuesta sobre la eutanasia. Usted acepta y esta persona le hace las siguientes preguntas:

- Do you support the murder of the terminally ill?
- Do you believe doctors should have the right to kill elderly people in pain?

Sienta lo que sienta acerca de la eutanasia, lo más probable es que usted no pueda responder sino que *no* a estas preguntas. ¿Por qué? Porque si contesta que *sí*, parecería que apoyara el asesinato. El modo en que se articulan estas preguntas y se emplean las palabras hace muy difícil que usted dé una respuesta justa. Esto es, las preguntas mismas expresan cierta posición ante la eutanasia que las hace *prejuiciosas*. Es decir, las preguntas no son justas, son parciales.

Fíjese en cómo estas preguntas en particular utilizan disfemismos para influenciar las preguntas y empujarlo a contestar de cierta manera. Aquí, la *eutanasia* se convierte en el *asesinato de los desahuciados* y el *suicidio asesorado* se convierte en *matar*.

Abajo aparecen las preguntas revisadas para representar el punto de vista contrario:

- Do you support efforts to ease the pain and suffering of the terminally ill?
- Do you believe doctors have the right to end the pain of the elderly at their request?

Note cómo el responder que *sí* a estas preguntas es mucho más fácil que responder que *no*. Si dice que *no*, especialmente a la primera, puede parecer poco compasivo e indiferente al dolor y sufrimiento de los desahuciados. En el ejemplo de arriba, los eufemismos se usan para influenciar las preguntas en la dirección opuesta.

Aquí están las preguntas revisadas otra vez para que pueda contestar que *sí* o que *no* en forma justa:

- Do you support euthanasia?
- Do you believe doctors should have the right to administer euthanasia?

Una encuesta profesional tendrá mucho cuidado en hacer preguntas justas, pero cuando una organización política, un anunciador u otros grupos o individuos tienen cierto interés, pueden hacer preguntas parciales para obtener ciertos resultados. De modo similar, cualquiera que desee influenciarlo puede hacer preguntas parciales para hacer que responda de cierto modo. Por eso es importante que reconozca cuándo una pregunta es justa y cuándo es parcial.

LA PERSUASIÓN

PRÁCTICA

Lea las siguientes preguntas con cuidado. Si usted cree que la pregunta es parcial, escriba una B (de *biased*) en el espacio en blanco. Si cree que es imparcial, escriba una U (de *unbiased*).

____ 8. What did you think of that lousy movie?

____ 9. How do you feel about capital punishment?

____ 10. Are you going to vote to re-elect that crooked politician for governor?

____ 11. Do you support the gun control laws that limit our freedom and our Constitutional right to bear arms?

____ 12. Should medical marijuana be legalized?

Respuestas

8. **B.** La palabra *lousy* hace más difícil decir que le gustó. Estaría admitiendo que le gustan películas malas.

9. **U.** A no ser que piense que *capital punishment* es un eufemismo para *death penalty*, por lo que sería un poco parcial.

10. **B.** ¿Quién votaría por un político corrupto?

11. **B.** Otra vez, evidentemente parcial. Una respuesta afirmativa quiere decir que usted quiere restringir la libertad y contradecir la Constitución.

12. **U.**

PRÁCTICA

Para mejorar aún más sus capacidades de razonamiento y pensamiento crítico, convierta cada una de las preguntas del ejercicio anterior en preguntas parciales. Luego haga lo contrario, convirtiendo las preguntas parciales en preguntas justas. Escriba sus respuestas en otra hoja de papel.

Respuestas

Las respuestas podrán variar, pero sus preguntas revisadas deben ser parecidas a éstas:

8. What did you think of that movie?

9. Don't you think that the death penalty is the only fair punishment for murderers?

10. Are you going to vote to re-elect the governor?

11. Do you support gun control?

12. Do you think that medical marijuana, which dramatically relieves the pain and suffering of cancer and glaucoma patients, should be legalized?

RESUMEN

Los *eufemismos, disfemismos* y *preguntas parciales* pueden tener mucha influencia en lectores y oyentes. Los eufemismos reemplazan expresiones negativas con otras que son neutras o positivas. Los disfemismos hacen lo contrario: reemplazan expresiones neutras o positivas con otras que son rudas o negativas. Las preguntas parciales dificultan que respondamos justamente.

Aprender a reconocer estas técnicas sutiles de persuasión fomenta el pensamiento independiente y permite que las personas lleguen a sus propias conclusiones en vez de a las deseadas por otros.

> **El desarrollo de capacidades entre lección y lección**
>
> - Escuche cuidadosamente conversaciones, el noticiero, lo que le dice y le pide la gente. ¿Nota algún eufemismo, disfemismo o pregunta parcial? ¿Se dio cuenta que usted mismo usa alguna de estas técnicas?
> - Puede mejorar su capacidad de reconocer técnicas sutiles de persuasión al practicarlas usted mismo. Invente eufemismos, disfemismos y preguntas parciales durante el día.

LECCIÓN 7
TRABAJAR CON ARGUMENTOS

RESUMEN DE LA LECCIÓN

Uno escucha argumentos de todo tipo durante el día. En esta lección, aprenderá cómo reconocer los componentes de un argumento deductivo y cómo difiere de un argumento inductivo.

Considere la siguiente conversación:
"Hijo, es hora de acostarte."
"Pero, ¿por qué?"
"¡Porque te lo digo yo!"

Sólo los padres pueden respaldarse en una respuesta como "porque te lo digo yo". Pero incluso los padres tienen problemas al utilizar este método para formular un argumento convincente. Es importante dar buenas razones por las cuales pedirle a una persona que acepte su argumento o que tome cierta medida. Ofrecer buenas razones significa *sostener* su argumento.

En las próximas tres lecciones, usted va a estudiar los **argumentos deductivos**: en qué consisten, cómo funcionan y cómo reconocer (y formular) un buen argumento deductivo, uno que sostiene lo que afirma.

Primero, tiene que saber en qué consiste el *razonamiento deductivo*. Para facilitar la definición, se presentará primero el complemento del razonamiento deductivo, que es el *razonamiento inductivo*.

Razonamiento inductivo

Cuando los detectives llegan al lugar de un delito, lo primero que hacen es buscar pruebas que puedan ayudarlos a atar los cabos de lo que ocurrió. Una ventana rota, por ejemplo, puede sugerir cómo entró o salió un ladrón. Asimismo, el hecho de que el intruso no haya tocado nada más que el cuadro que escondía la caja fuerte puede sugerir que el ladrón sabía exactamente dónde ésta estaba escondida. Y esto, por lo tanto, sugiere que el ladrón conocía a la víctima.

El proceso descrito arriba se llama **razonamiento inductivo**. Consiste en:

1. Hacer observaciones y luego
2. Sacar conclusiones de ellas

Como un detective, usted utiliza el razonamiento inductivo todo el tiempo en la vida cotidiana. Puede notar, por ejemplo, que cada vez que come un perro caliente con chile y cebolla, le da dolor de estómago. Mediante el razonamiento inductivo, puede llegar a la conclusión lógica de que los perros calientes con chile le causan indigestión y que probablemente debería dejar de comerlos. Asimismo, puede notar que su gato trata de arañarlo cada vez que le acaricia la barriga. Puede llegar a la conclusión lógica de que no le gusta que le acaricien la barriga. En ambos ejemplos, lo que hace es pasar de lo *específico*, una observación en particular, a lo *general*, una conclusión más amplia. El razonamiento inductivo comienza con observaciones y evidencias y lleva a una conclusión.

El uso del razonamiento inductivo generalmente implica hacerse las siguientes preguntas:

1. ¿Qué ha observado? ¿Qué evidencias están a su disposición?
2. ¿Qué conclusiones puede sacar de esas evidencias?
3. ¿Es lógica esa *conclusión*?

Vamos a volver a estas preguntas en una lección posterior. Por ahora, sabe lo suficiente sobre el razonamiento inductivo como para poder entender cómo es diferente el razonamiento deductivo.

Razonamiento deductivo

A diferencia del razonamiento inductivo, que pasa de evidencias específicas a una *conclusión general*, el **razonamiento deductivo** hace lo contrario. Esto es, comienza con una conclusión para luego llegar a las *evidencias* que respaldan esa conclusión. En el razonamiento inductivo, se tiene que "llegar" a la conclusión y se tiene que determinar si esa conclusión es válida. Por otra parte, en el razonamiento deductivo, empezamos con la conclusión y luego vemos si las *evidencias* son válidas para esa conclusión. Generalmente, si las evidencias son válidas, la conclusión que sostienen también lo es. En otras palabras, el razonamiento deductivo implica preguntarse:

1. ¿Cuál es la conclusión?
2. ¿Cuáles son las evidencias que la respaldan?
3. ¿Son lógicas esas *evidencias*?

Si puede contestar que *sí* a la pregunta número 3, significa que la conclusión debe ser lógica y el argumento sólido.

Es fácil confundir el razonamiento inductivo y deductivo, así que aquí tiene un pequeño cuadro para ayudarlo a recordar cuál es cuál:

Deductivo: Conclusión • Evidencias (DCE))
Inductivo: Evidencias • Conclusión (IEC)

El razonamiento deductivo comienza con la conclusión y se pasa a las evidencias para esa conclusión. El razonamiento inductivo empieza con las evidencias y se pasa

TRABAJAR CON ARGUMENTOS

a la conclusión. Aquí tiene un truco de memoria para ayudarlo: Puede recordar que la palabra *Deductivo* comienza con una consonante y *Conclusión* también, que es por donde uno empieza en el razonamiento deductivo. Asimismo, *Inductivo* comienza con una vocal, igual que *Evidencias*, y en el razonamiento inductivo uno empieza con las evidencias.

En el campo de la lógica, el razonamiento deductivo incluye la lógica formal (matemática o simbólica) tal como silogismos y tablas de veracidad. Algo de práctica con la lógica formal seguramente ayudará a agudizar sus capacidades de razonamiento y pensamiento crítico, pero este libro no cubre ese tipo de lógica. En cambio, continuaremos centrándonos en la lógica informal. Esto es, el tipo de capacidades de razonamiento y pensamiento crítico que lo ayudará a resolver problemas, a evaluar y defender argumentos y a tomar decisiones eficaces en la vida diaria.

LAS PARTES DE UN ARGUMENTO DEDUCTIVO

La lección 2, "Estrategias para la resolución de problemas", habló de la importancia de identificar el aspecto central de un problema. Usted aprendió a preguntarse, "¿Cuál es el problema real a resolver aquí?" Luego usted tomó el problema y lo dividió en partes.

Al considerar argumentos deductivos, debe seguir un proceso similar. Primero, debe identificar la conclusión. La **conclusión** es la afirmación o punto principal que intenta hacer el argumento. Las evidencias diferentes que sostienen una conclusión se llaman **premisas**. Tenga en cuenta que un **argumento** no es necesariamente una pelea. Al hablar del razonamiento deductivo e inductivo, un argumento es una afirmación que se respalda con evidencias. ¡Que esas evidencias sean buenas o malas es otro asunto!

Identificar la conclusión es muchas veces más difícil de lo que uno espera porque a veces las conclusiones pueden parecer premisas y viceversa. Otra dificultad es que uno está acostumbrado a pensar en las conclusiones como algo que viene al final de algo. Pero en los argumentos deductivos, la conclusión puede aparecer en cualquier parte. Por lo tanto, cuando alguien le da un argumento deductivo, lo primero que debe hacer es preguntar: "¿Cuál es la afirmación principal, la idea general o el argumento que quiere probar?"

En otras palabras, igual que un problema muchas veces se compone de muchos problemas pequeños, la conclusión de un argumento deductivo muchas veces está compuesto de muchas premisas, por lo que es importante tener en cuenta la idea general."

Afirmación: aserción sobre la verdad, existencia o valor de algo.

Argumento: cualquier afirmación que es respaldada por evidencias.

Conclusión: la afirmación principal o general de un argumento.

Premisas: las afirmaciones que respaldan la conclusión.

ESTRUCTURA DE ARGUMENTOS DEDUCTIVOS

La conclusión de un argumento deductivo puede ser respaldada por premisas de dos maneras distintas. Digamos que tiene un argumento con tres premisas que respaldan la conclusión. En un tipo de argumento deductivo, cada premisa ofrece su respaldo individual de la conclusión. Esto es, cada premisa en sí misma es evidencia para esa afirmación principal. En el otro tipo de argumento, las premisas funcionan en conjunto para respaldar la conclusión. Esto es, funcionan como una cadena de ideas que sostienen el argumento. Estos dos tipos de argumentos están representados en los diagramas de la página siguiente:

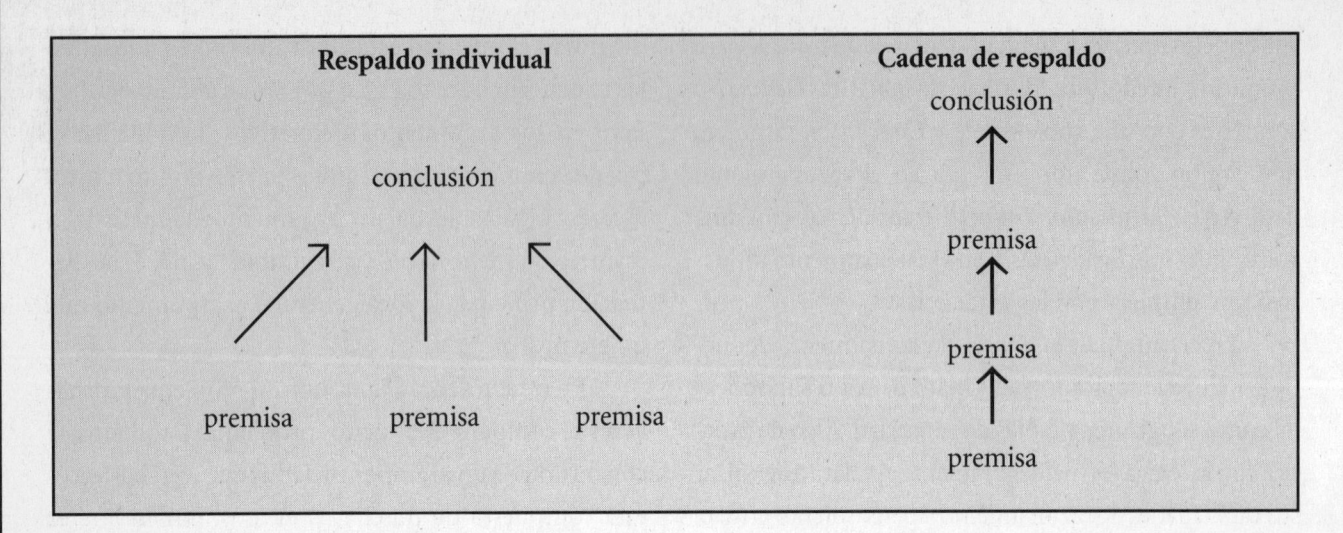

Respaldo individual

conclusión
↑ ↑ ↑
premisa   premisa   premisa

Cadena de respaldo

conclusión
↑
premisa
↑
premisa
↑
premisa

Aquí tiene el modo en que podrían funcionar estas dos estructuras en un argumento real:

Respaldo individual: No debe aceptar ese trabajo. El pago es pésimo, el horario es horrible y no ofrece beneficios.

No debe aceptar ese trabajo.
↑ ↑ ↑
El pago   El horario   No ofrece
es pésimo.   es horrible.   beneficios.

Cadena de respaldo: No debe aceptar ese trabajo. El pago es pésimo, lo cual le haría difícil pagar las cuentas y eso lo volvería infeliz.

No debe aceptar ese trabajo.
↑
y eso lo volvería infeliz
↑
lo cual le haría difícil pagar las cuentas
↑
el pago es pésimo

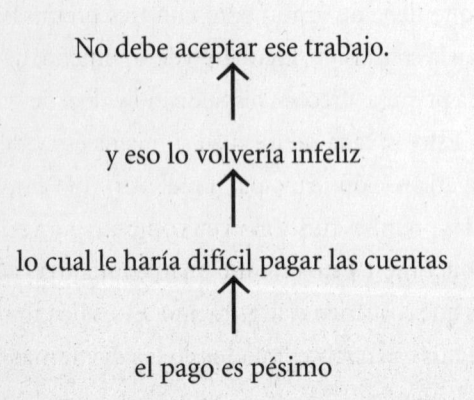

Note cómo en la segunda versión, el argumento entero se construye sobre una sola idea, el pésimo pago, mientras que en el primero, el argumento se construye sobre tres ideas. Los dos, sin embargo, son completamente lógicos.

Evidentemente, un argumento puede tener respaldo individual y de cadena. Veremos un ejemplo de esto en un momento. Lo que es importante ahora es entender que cuando las premisas dependen una de la otra, como lo hacen en la estructura de cadena de respaldo, lo que tenemos es realmente una cadena de premisas y conclusiones. Mire cómo funcionan los niveles de un argumento de cadena de respaldo:

Conclusión:	Va a ser difícil pagar las cuentas.
Premisa:	El pago es pésimo.
Conclusión:	Eso lo volverá infeliz.
Premisa:	Va a ser difícil pagar las cuentas.
Conclusión general:	No debe aceptar ese trabajo.
Premisa:	Eso lo volverá infeliz.

Como los argumentos deductivos muchas veces funcionan de este modo, es sumamente importante

TRABAJAR CON ARGUMENTOS

poder distinguir la conclusión *general* de las conclusiones que se usen en la cadena de respaldo.

IDENTIFICAR LA CONCLUSIÓN GENERAL

Fíjese bien en las siguientes oraciones:

Es rico, por lo que debe ser feliz. Todos los ricos son felices.

Estas dos oraciones representan un corto argumento deductivo. No es un argumento particularmente bueno, pero es un buen ejemplo de una estructura deductiva. Si estas dos oraciones se dividieran en partes, surgen tres afirmaciones diferentes:

1. Es rico.
2. Debe ser feliz.
3. Todos los ricos son felices.

Ahora hágase la pregunta clave: "¿Qué es lo que quiere probar este argumento?" En otros términos, ¿cuál es la conclusión aquí?

Dos claves deben ayudarlo a llegar a la respuesta correcta. Primero fíjese en cuáles de las afirmaciones tienen respaldo (evidencias) en este ejemplo. ¿Hay algo que sostiene la afirmación "Es rico"? No. ¿Hay algo que sostiene la afirmación "Todos los ricos son felices"? Otra vez no. Pero hay premisas para respaldar la afirmación "Debe ser feliz". ¿Por qué debe ser feliz? Porque:

1. Es rico.
2. Todos los ricos son felices.

Por lo tanto, la conclusión de este argumento es "Debe ser feliz". Esto es lo que el escritor quiere probar. Las premisas que respaldan esta conclusión son "Es rico" y "Todos los ricos son felices".

Otra indicación de que "Debe ser feliz" en la conclusión son las palabras "por lo que." Muchas palabras y frases clave indican que después viene una conclusión. Asimismo, ciertas palabras y frases indican que después viene una premisa:

Indican una conclusión:	Indican una premisa:
• Accordingly	• As indicated by
• As a result	• As shown by
• Consequently	• Because
• Hence	• For
• It follows that	• Given that
• So	• Inasmuch as
• That's why	• Since
• Therefore	• The reason is that
• This shows/means/ suggests that	
• Thus	

Ahora, ¿son de respaldo individual o de cadena las premisas de la conclusión "Debe ser feliz"?

Debe poder ver que estas premisas *funcionan en conjunto* para respaldar la conclusión. Ni "Es rico" ni "Todos los ricos son felices" en sí mismas respaldan la conclusión. Pero las dos premisas juntas respaldan la conclusión. Por eso el ejemplo se considera un argumento de *cadena de respaldo*.

EL LUGAR DE LA CONCLUSIÓN

Mientras que puede estar acostumbrado a pensar en la conclusión como algo que viene al final, en un argumento deductivo la conclusión puede cambiar de lugar. Aquí tiene el mismo argumento en varios órdenes diferentes:

• Debe ser feliz. Al fin y al cabo, es rico y todos los ricos son felices.

LearningExpress Skill Builders • LESSON 7 **59**

- Todos los ricos son felices. Como él es rico, debe ser feliz.
- Es rico y todos los ricos son felices. Debe ser feliz.
- Debe ser feliz. Al fin y al cabo, todos los ricos son felices y él es rico.
- Todos los ricos son felices. Debe ser feliz porque es rico.

En argumentos deductivos más largos, especialmente los que se encuentran en artículos y ensayos, se articulará la conclusión antes de ninguna premisa. Pero es importante recordar que la conclusión puede aparecer en cualquier parte del argumento. La clave es tener en cuenta lo que el argumento *entero* quiere probar.

Una manera de probar si ha encontrado la conclusión correcta es la del "porque". Si ha escogido la afirmación correcta, debe poder poner "porque" entre ella y todas las otras premisas. Así que:

Debe ser feliz **porque** es rico y **porque** todos los ricos son felices.

PRÁCTICA

Lea los siguientes argumentos cortos con cuidado. Primero, separe los argumentos en afirmaciones al poner una marca entre afirmación y afirmación. Luego, identifique la afirmación que represente la conclusión de cada argumento deductivo al subrayar esa afirmación.

Ejemplo: We should go to the park. It's a beautiful day and besides, I need some exercise.

<u>We should go to the park.</u> / It's a beautiful day / and besides, I need some exercise.

1. The roads are icy and it's starting to snow heavily. Stay in the guest bedroom tonight. You can leave early in the morning.

2. She's smart and she has integrity. She'd make a great councilwoman. You should vote for her.

3. I don't think you should drive. You'd better give me the keys. You had a lot to drink tonight.

4. You really should stop smoking. Smoking causes lung cancer and emphysema. It makes your clothes and breath smell like smoke. Besides, it's a waste of money.

Respuestas

Antes de comprobar sus respuestas abajo, utilice la prueba "porque" para ver si ha identificado correctamente la conclusión.

1. The roads are icy / and it's starting to snow heavily. / <u>Stay in the guest bedroom tonight.</u> / You can leave early in the morning.

2. She's smart / and she has integrity. / She'd make a great councilwoman. / <u>You should vote for her.</u>

3. I don't think you should drive. / <u>You'd better give me the keys.</u> / You had a lot to drink tonight.

4. <u>You really should stop smoking.</u> / Smoking causes lung cancer and emphysema. / It makes your clothes and breath smell like smoke. / Besides, it's a waste of money.

TRABAJAR CON ARGUMENTOS

PRÁCTICA

Para cada argumento anterior, identifique si las premisas funcionan como respaldo individual o de cadena.

Respuestas

1. Individual. Estas tres premisas individuales respaldan la conclusión.

2. Individual y de cadena. "She's smart" y "she has integrity" son dos afirmaciones individuales que respaldan la premisa "She's make a great councilwoman". Esa premisa, a su vez, respalda la conclusión.

3. De cadena. La última premisa, "You had a lot to drink tonight", respalda la primera, que a su vez respalda la conclusión.

4. Individual. Estas tres premisas individuales respaldan la conclusión.

RESUMEN

A diferencia de los argumentos inductivos, que van de evidencias a conclusión, los argumentos deductivos van de conclusión a evidencias para esa conclusión. La **conclusión** es la afirmación general o punto principal de un argumento, y las afirmaciones que respaldan la conclusión se llaman **premisas**. Los argumentos deductivos pueden respaldarse por premisas que funcionan solas (respaldo individual) o en conjunto (cadena de respaldo).

El desarrollo de capacidades entre lección y lección

- Al escuchar un argumento, pregúntese si es uno inductivo o deductivo. ¿Pasó la persona de evidencias a conclusión o de conclusión a evidencias? Si el argumento es demasiado complejo para ser analizado de este modo, intente escoger sólo una parte del argumento para ver si es inductivo o deductivo.
- Al toparse con argumentos deductivos hoy, intente separar la conclusión de las premisas. Luego considere si las premisas son individuales o de cadena.

L·E·C·C·I·Ó·N 8
EVALUAR LAS EVIDENCIAS

RESUMEN DE LA LECCIÓN

Como son las *evidencias* que forman parte de un argumento deductivo que hacen que la conclusión sea válida, es importante evaluar esas evidencias. Esta lección le enseñará a verificar que las premisas sean creíbles y razonables.

Ahora que sabe separar la conclusión de las premisas que la respaldan, es hora de *evaluar* esas premisas. Éste es un paso imprescindible porque al fin y al cabo, el propósito de la conclusión es convencerlo de algo: que debe aceptar alguna opinión, cambiar sus creencias, comportarse de cierto modo o hacer alguna cosa en particular. Por lo tanto, antes de aceptar esa conclusión, debe examinar la *validez* de las evidencias que la respaldan.

Hay tres preguntas específicas que hacerse al evaluar las evidencias:

1. ¿Qué tipo de evidencias se ofrece?
2. ¿Son *creíbles* esas evidencias?
3. ¿Son *razonables*?

TIPOS DE EVIDENCIAS

Hay muchos tipos de evidencia que pueden ofrecerse como respaldo para una conclusión. Al nivel más básico, se pueden dividir las premisas en tres categorías: las que son hechos, las que son opiniones y las que pueden ser aceptadas solamente como verdades tentativas.

Antes de proseguir, repasemos la diferencia entre hecho y opinión:

- Un **hecho** es algo que se sabe con certeza que ha ocurrido, es verdad o existe.
- Una **opinión** es algo que se cree que ha ocurrido, es verdad o existe.
- Una **verdad tentativa** es una afirmación que puede ser un hecho, pero esto no se puede verificar.

Aunque sean hechos, opiniones o verdades tentativas, las premisas pueden tomar las siguientes formas:

- Estadísticas o cifras
- Evidencias físicas (artefactos)
- Cosas vistas, sentidas o escuchadas (observaciones)
- Declaraciones de expertos y testigos expertos
- Informes de experiencias
- Ideas, sentimientos o creencias

Por supuesto, algunos tipos de evidencias parecen más convincentes que otros. Esto es, es más probable que las personas crean o sean convencidas por estadísticas que por la opinión de alguien. Pero esto no quiere decir que todas las estadísticas deban ser aceptadas automáticamente y todas las opiniones rechazadas. Como las estadísticas pueden ser manipuladas y las opiniones pueden ser bien razonables, todas las formas de evidencia necesitan ser examinadas para determinar si son creíbles y razonables.

Los criterios de ser creíble y razonable se aplican a diferentes tipos de evidencias en grados distintos. Por ejemplo, no es posible cuestionar si unas estadísticas son *razonables*, pero sí es posible cuestionar su *credibilidad*. De modo similar, cualquier sentimiento o creencia debe ser examinado para determinar si es creíble *y* razonable.

¿SON CREÍBLES LAS EVIDENCIAS?

Sea el que sea el tipo de evidencia que ofrece la persona que argumenta, lo primero que se tiene que considerar es la credibilidad de esa persona. ¿Es creíble la persona que hace el argumento? Segundo, si el que argumenta ofrece evidencias de otras fuentes, se tiene que cuestionar la credibilidad de esas fuentes. Si la respuesta a ambas preguntas es *afirmativa*, se puede aceptar tentativamente el argumento. Si no, el argumento no se debería aceptar hasta que se lo pueda examinar más en detalle.

Primero, considere este repaso de los criterios que determinan la credibilidad. Para ser creíble, una fuente debe:

- Ser imparcial
- Ser experta

La experiencia se determina por medio de los siguientes factores:

- Educación
- Experiencia
- Profesión o puesto
- Reputación
- Logros

––––– EVALUAR LAS EVIDENCIAS –––––

En el caso de un testigo ocular, se debe considerar lo siguiente:

- El potencial de parcialidad de parte del testigo
- El entorno
- La condición física y mental del testigo
- El tiempo entre el acontecimiento y el momento de recordarlo

Abajo tiene un argumento deductivo breve. Lea el siguiente pasaje con cuidado:

Alguna gente argumenta que "las armas de fuego no matan a personas, las personas matan a personas". Pero si no hubiera tantas armas en la calle, las personas no podrían matar a otras tan fácilmente. Por eso tenemos que apoyar el control de armas de fuego. Tan sólo el año pasado, las armas de fuego causaron la muerte de más de 10,000 niños*. Mi propio hermano fue una de esas víctimas. Él simplemente caminaba por la calle cuando una bala perdida lo mató. Por favor, no deje que esto le pase a su familia.

*Ésta y otras estadísticas en el resto del texto son ficticias y tienen el único propósito de servir como ejemplos.

Primero, identifique la conclusión de este pasaje. ¿Cuál es la afirmación o punto general que quiere probar? Una vez que identifique la conclusión, subráyela.

Debe haber subrayado la afirmación "tenemos que apoyar el control de armas de fuego". La frase "Por eso" puede haberlo ayudado a identificar esta idea como la afirmación principal. (Si ha tenido problemas, tómese un momento para revisar la lección 7, "Trabajar con argumentos".) Abajo aparece una tabla que contiene una lista de las premisas que respaldan esta conclusión. Note que algunas de las oraciones de este argumento no son premisas.

La experiencia del que argumenta ofrece una indicación importante de *su* credibilidad. A causa de lo que le pasó al hermano, ¿no es probable que sea parcial en cuanto al tema del control de armas de fuego? Por supuesto. Sin embargo, ¿le impide este hecho formar un argumento creíble? No necesariamente. Es probable que, si perdió el hermano a causa del uso violento de un arma de fuego, sepa más sobre el tema que la persona común. En otras palabras, su experiencia indica que tiene algún nivel de experiencia en el área. Por lo tanto, aunque existe evidencia de alguna parcialidad, también la hay de alguna experiencia. Como se encuentran estos dos elementos, es necesario examinar el argumento más en detalle antes de determinar si aceptarlo o no.

PREMISAS QUE RESPALDAN LA CONCLUSIÓN

Tipo de premisa	Premisa
Opinión	If we didn't have so many guns on the street, people wouldn't be able to kill other people so easily.
Estadística	Last year alone, over 10,000 children were killed by guns.
Experiencia	My own brother was one of those victims. He was just walking down the street when he was killed by a stray bullet.

¿Es creíble la experiencia del que argumenta? Pues, puede asumirse que dice la verdad sobre la muerte de su hermano. ¿Es creíble su opinión? Eso depende de su propia credibilidad, la cual sigue bajo cuestión, y de lo razonable que sea su opinión, lo cual se cubrirá en la próxima sección.

El próximo paso es considerar la credibilidad de las premisas ofrecidas por la fuente exterior. Esto es, la estadística ofrecida sobre la cantidad de niños que han muerto a causa de las armas de fuego. Note que aquí el que argumenta no da la fuente de las cifras que presenta. Esto debe llamarle la atención. Como los números pueden ser tan fácilmente manipulados y engañosos, es de suma importancia conocer la fuente de cualquier cifra ofrecida de respaldo a un argumento.

PRÁCTICA

1. Which of the following sources for the statistic would you find most credible, and why?

    a. The National Coalition for Gun Control
    b. The FBI Crimes Division
    c. The National Rifle Association

Respuesta

La fuente más creíble es **b**, el FBI. De las tres posibilidades, el FBI es por lejos la menos parcial. La National Coalition for Gun Control claramente tiene una posición sobre el control de armas de fuego (a favor), igual que la NRA (vigorosamente en contra).

¿SON RAZONABLES LAS EVIDENCIAS?

Ahora que ha considerado la credibilidad del que argumenta y las evidencias que ha ofrecido, la próxima pregunta que debe hacer es si esas evidencias son *razonables*. Esta pregunta se relaciona mayoritariamente con las evidencias que vienen en forma de opiniones y verdades tentativas.

Recuerde que **razonable** quiere decir lógico: según conclusiones que se sacan de las evidencias o del buen sentido común. Así que cuando se reciben evidencias en forma de opiniones o verdades tentativas, se tiene que considerar cuán razonable es esa premisa. Fíjese en esta opinión:

> If we didn't have so many guns on the street, people wouldn't be able to kill other people so easily.

¿Le parece razonable esta opinión? ¿Por qué?

Independientemente de lo que piense del control de armas de fuego, tiene algún sentido esta opinión. Al fin y al cabo, si las personas usan las armas para matar a otras personas, parece lógico que si el número de armas en circulación por la calle disminuyera, habría menos muertes. Una simple cuestión de sentido común, ¿no?

Pero esta opinión no es una conclusión sacada *de evidencias*. Note cuánto más fuerte sería esta premisa si agregara *evidencias* al *sentido común*:

> If we didn't have so many guns on the street, people wouldn't be able to kill other people so easily. Take Cincinnati, for example. Strict gun control laws were put into effect in 1994, and as a result, the number of deaths by guns dropped from 1,500 in 1993 to just 600 by 1997. That's a drop of over 60%!

Note que se usa esta estadística para respaldar la opinión, que a su vez se usa para respaldar la conclusión. Es decir, esta premisa forma parte de una cadena de respaldo.

EVALUAR LAS EVIDENCIAS

Las opiniones, entonces, pueden ser razonables porque están basadas en el buen sentido común o bien porque se forman a partir de evidencias, como lo que ocurrió en Cincinnati. Claro que, si una opinión es razonable por *ambas* razones, es un respaldo doblemente fuerte para la conclusión.

PRÁCTICA

Lea las siguientes opiniones cuidadosamente. ¿Son razonables? Si éste es el caso, ¿es por basarse en lógica o sentido común o en evidencias?

2. You should quit smoking. The smoke in your lungs can't be good for you.

3. You should quit smoking. The Surgeon General says that it causes lung cancer, emphysema, and shortness of breath.

4. Don't listen to him. He's a jerk.

5. Don't listen to him. He gave me the same advice and it almost got me fired.

Respuestas

2. Razonable, basada en el sentido común.

3. Razonable, basada en evidencias; en este caso, en una opinión experta.

4. Irrazonable. Como éste es un argumento deductivo en el que la premisa es irrazonable, el argumento entero debe ser rechazado por ello.

5. Razonable, basada en evidencias; en este caso, en experiencia.

PRÁCTICA

6. Look again at the argument from the last lesson:

   He's rich, so he must be happy. All rich people are happy.

   Are the premises in this argument reasonable? Why or why not?

Respuesta

No, las premisas de este argumento no son razonables y por lo tanto, tampoco lo es la conclusión. ¿Por qué no? Porque el sentido común debe decirle que uno no puede hacer generalizaciones grandes como "All rich people are happy". Debe tener cuidado con cualquier premisa que hace una afirmación sobre *todos* o *ninguno*. Casi siempre existe alguna excepción.

RESUMEN

Las premisas pueden tomar varias formas, de estadísticas a sentimientos y opiniones. A la hora de evaluar evidencias, es necesario comprobar que el que argumenta y todas las fuentes sean creíbles y que cada premisa sea razonable.

El desarrollo de capacidades entre lección y lección

- Al escuchar argumentos deductivos durante el día, preste atención al tipo de evidencias que se ofrece para respaldar la conclusión. ¿Estadísticas? ¿Experiencias? ¿Opiniones?
- Considere la credibilidad de las personas que le presentan hoy argumentos deductivos. ¿Serán parciales? ¿Cuál es su nivel de experiencia? Si ofrecen otras fuentes para respaldar sus argumentos, ¿son creíbles esas fuentes?

L·E·C·C·I·Ó·N 9
RECONOCER UN BUEN ARGUMENTO

RESUMEN DE LA LECCIÓN

Hay muchos componentes de un *buen* argumento, uno que es convincente por buenas razones. Esta lección le mostrará cómo reconocer y formular un buen argumento deductivo.

Lo despidieron del trabajo hace dos meses. Ha estado buscando otro sin tener mucho éxito. Pero la compañía con la que se entrevistó ayer le acaba de hacer una oferta. No paga muy bien, pero de todos modos está pensando en tomarlo porque necesita el dinero. Su amigo, sin embargo, le dice que no lo tome: "Paga muy mal, el horario es horrendo y no incluye beneficios", dice. "No lo hagas." ¿Debe escucharlo? ¿Ha formulado un buen argumento? ¿Cómo puede saberlo?

Usted sabe lo que es un argumento deductivo. Sabe cómo separar la conclusión de las evidencias, y cómo evaluar las evidencias en sí mismas. Éstos son pasos esenciales en el análisis de un argumento deductivo. Pero para determinar la fuerza general de un argumento, hay que considerar varios otros criterios. Específicamente, en un buen argumento deductivo:

- La conclusión y las premisas son claras y completas.
- La conclusión y las premisas no contienen una persuasión sutil excesiva.
- Las premisas son creíbles y razonables.
- Las premisas son suficientes e importantes.
- El argumento considera la otra parte.

Debe estar familiarizado con los primeros tres criterios, así que los repasaremos sólo brevemente antes de tratar de los últimos dos.

CLARAS Y COMPLETAS

En la lección 5, "Afirmaciones parciales y verdades a medias", usted aprendió a reconocer objetivos últimos. Para que un argumento deductivo tenga peso, su conclusión tiene que ser clara y completa. Esto es, no debe haber ninguna duda acerca de la afirmación hecha. Asimismo, en cuanto a las premisas, si una comparación no es justa, o si lo que se compara no está claro, la afirmación no puede ser válida. Del mismo modo, las evidencias no pueden ser razonables si son incompletas.

LIBRES DE LA PERSUASIÓN SUTIL EXCESIVA

En la lección 6, "La persuasión", usted aprendió sobre los eufemismos, disfemismos y preguntas parciales. Está claro que estas técnicas de la persuasión sutil son manipuladoras, pero no son lo peor que se puede hacer en un argumento. Es natural que las personas escojan palabras que vayan a tener cierto impacto en los que escuchan. Es natural, por ejemplo, que el gobierno utilice la frase "campaña militar" si no quiere causar protestas contra la guerra. En otras palabras, se pueden perdonar los eufemismos, disfemismos o preguntas *levemente* parciales *ocasionales*. Pero si un argumento está lleno de estas técnicas persuasivas, debe alarmarse. Por lo general, los argumentos están llenos de eufemismos, disfemismos y preguntas parciales si les faltan evidencias razonables y creíbles. En otras palabras, el que argumenta puede estar intentando persuadirlo con el lenguaje en vez de la razón porque le faltan evidencias. El uso excesivo de la persuasión sutil también indica que el que argumenta tiene una postura parcial en relación al asunto.

PREMISAS CREÍBLES Y RAZONABLES

Tal y como se presentó en la lección anterior, los dos criterios para tener buenas evidencias son que sean *creíbles* y *razonables*. Las evidencias son creíbles cuando están libres de la parcialidad y cuando las fuentes poseen un nivel respetable de experiencia. Las evidencias son razonables cuando son lógicas, sacadas de evidencias o el buen sentido común.

PREMISAS SUFICIENTES E IMPORTANTES

Usted le pregunta a un compañero de trabajo sobre el restaurante que acaba de abrir allí cerca. Le contesta, "¿El *Hot Tamale Café*? No comas allí. El servicio es malísimo".

¿Le ha dado un buen argumento? Pues, la conclusión "No comas allí" es clara y completa. La premisa que respalda la conclusión, "El servicio es malísimo", también es clara y completa. La premisa y la conclusión están libres de la persuasión sutil. La premisa es razonable, y no tenemos ninguna razón por la que dudar de su credibilidad, ya que nos a dado buenas recomendaciones de restaurantes en el pasado. Pero, ¿es éste un buen argumento? No precisamente.

Aunque cumple con todos los otros criterios, este argumento tiene una debilidad muy importante: simplemente no ofrece suficientes evidencias. No se dan suficientes razones por las que aceptar la conclusión.

RECONOCER UN BUEN ARGUMENTO

El servicio es malísimo. Bien, pero tal vez sean excelentes la comida, el ambiente y los precios. Cuando existen tantas otras razones por las que ir a un restaurante, no es suficiente una sola premisa que respalde la conclusión

Aquí tiene un mejor argumento. Es mejor porque ofrece una variedad de premisas de respaldo a la conclusión. Algunas premisas son de respaldo individual y algunas se ofrecen para respaldar otras (cadenas de respaldo).

No comas en ese restaurante. El servicio es malísimo. Se equivocaron con lo que pedimos y tuvimos que esperar 15 minutos para sentarnos a pesar de que había mesas desocupadas. La comida es demasiado cara también. ¡Una simple hamburguesa sale $8.50! El lugar es tan sucio que tuvimos que limpiar nuestra mesa dos veces con las servilletas y vi una cucaracha muerta en el rincón. Y la decoración no existe, sólo tiene las paredes pintadas de un azul chillón y un cartel de Hawai en el rincón, aunque sea un restaurante mexicano.

Ahora, éste suena como un lugar a evitar, ¿no? Lo bueno de este argumento no es sólo que ofrezca varias premisas distintas que respaldan individualmente la conclusión (**premisas mayores**), sino que también ofrece respaldo para cada una de esas premisas (**premisas menores**). Cada premisa mayor es seguida por un detalle específico que respalda esa premisa. Aquí tiene un esquema de este argumento:

Conclusión: No comas en ese restaurante.

Premisa mayor: El servicio es malísimo.
Premisa menor: Se equivocaron con lo que pedimos.
Premisa menor: Tuvimos que esperar 15 minutos para sentarnos a pesar de que había mesas desocupadas.

Premisa mayor: La comida es demasiado cara.
Premisa menor: Una simple hamburguesa sale $8.50.

Premisa mayor: El lugar es sucio.
Premisa menor: Tuvimos que limpiar nuestra mesa dos veces con las servilletas.
Premisa menor: vi una cucaracha muerta en el rincón.

Premisa mayor: La decoración no existe.
Premisa menor: Sólo tiene las paredes pintadas de un azul chillón y un cartel de Hawai en el rincón, aunque sea un restaurante mexicano.

PRÁCTICA

1. Take the following argument and make it substantial. Provide more evidence by adding major and minor supporting premises:

Public school students should wear uniforms just like private school students do. Uniforms will create a stronger sense of community.

Stronger argument:

Respuesta

Las respuestas variarán dependiendo de las premisas que seleccione para respaldar este argumento. De todos modos, su argumento debe ser significativamente más largo que la primera versión. Aquí hay una revisión que ofrece varias premisas mayores y menores que respaldan la conclusión. Las premisas mayores están en negritas.

> Public school students should wear uniforms just like private school students do. For one thing, **uniforms will create a stronger sense of community**. It's important for children to feel like they belong, and uniforms are a powerful physical and psychological way to create that sense of belonging. **Uniforms also improve discipline**. According to the Department of Education, private schools across the country have fewer discipline problems than public schools, and the handful of public schools that have experimented with uniforms have found their discipline problems decreased sharply. Furthermore, **uniforms can help increase the self-esteem of children from poorer families**. If everyone wears the same clothes, they don't have to come to school ashamed of their hand-me-downs or second-hand clothing.

CONSIDERAR LA OTRA PARTE

Al principio de esta lección, su amigo intentó persuadirlo de tomar ese trabajo. ¿Ofreció un buen argumento basado en el criterio que hemos cubierto hasta ahora? Aquí tiene su argumento para refrescarle la memoria:

> "Paga muy mal, el horario es horrendo y no incluye beneficios", dice. "No lo hagas."

Su argumento es razonable, creíble, libre de la persuasión sutil y él ofrece tres razones diferentes, aunque podrían respaldarse con detalles específicos (premisas menores). De todos modos, a este argumento le falta el criterio de un buen argumento: no considera los argumentos en contra.

Los argumentos en contra son los que podrían ser ofrecidos por uno que argumente para la otra parte. Esto es, si usted argumenta que es mejor vivir en la ciudad que en el campo, necesita tener en cuenta lo que podría pensar el que argumente que vivir en el campo es mejor que vivir en la ciudad. Al considerar los argumentos en contra, demuestra sus capacidades de razonamiento y pensamiento crítico; sea la que sea su opinión, ha considerado todas las partes del asunto. Además, esto ayuda a demostrar su credibilidad, que ha hecho investigación, que evidentemente sabe algo del tema.

Por ejemplo, cuando escucha el argumento de su amigo, ¿qué pensamientos podrían cruzársele por la mente? Podría salir con las siguientes razones para aceptar el trabajo, en vez de rechazarlo:

- Está realmente necesitado de dinero.
- Puede ascender rápidamente.
- Recibirá beneficios después de 6 meses.
- Puede cambiar a otro horario después de 6 meses.
- Está mucho más cerca de su casa que su trabajo anterior.

Si su amigo realmente quiere convencerlo de no tomar el trabajo, no sólo respaldará su conclusión con amplias evidencias creíbles y razonables, sino que también le mostrará por qué razones querría aceptarlo y por qué sus razones para no tomarlo son mejores.

Una manera de ayudarlo a desarrollar un mejor argumento es hacer de abogado del diablo. Cuando se

RECONOCER UN BUEN ARGUMENTO

está preparando para hacer un argumento, escriba su conclusión y sus premisas, y luego haga lo mismo para el argumento contrario. Le puede servir pensar que está en la corte y que hace el papel de fiscal y de abogado defensor. Esto lo ayudará a anticipar lo que dirá la otra parte y por lo tanto podrá proponer una premisa que contradiga ese argumento. Si su amigo revisara su argumento para considerar la otra parte, podría salir así:

> Don't take that job. I know you really need the money, but the pay is lousy. It's a full three dollars less per hour than your last job. You can probably move through the ranks quickly, but because you'd be starting at a lower pay scale, you'd have to take several steps just to get back up to your old salary. And you have to wait six months before you can switch shifts and get benefits. What if something happens in the meantime? True, you'll save time and gas because it's closer, but is that extra thirty minutes a day worth it?

Note dos cosas que hace su amigo aquí. Primero, reconoce sistemática y cuidadosamente cada una de sus preocupaciones. Segundo, contesta cada una de estas preocupaciones con una premisa razonable. Luego, mejoró aun más el argumento agregando premisas menores específicas, como el hecho de que el pago sea de tres dólares menos por hora.

Ahora le toca a usted.

PRÁCTICA

The school uniform argument is reprinted below. Play devil's advocate and make a list of counter-arguments. Then rewrite the argument to make it stronger.

> Public school students should wear uniforms just like private school students do. For one thing, **uniforms will create a stronger sense of community**. It's important for children to feel like they belong, and uniforms are a powerful physical and psychological way to create that sense of belonging. **Uniforms also improve discipline**. According to the Department of Education, private schools across the country have fewer discipline problems than public schools, and the handful of public schools that have experimented with uniforms have found their discipline problems decreased sharply. Furthermore, **uniforms can help increase the self-esteem of children from poorer families**. If everyone wears the same clothes, they don't have to come to school ashamed of their hand-me-downs or second-hand clothing.

2. Counter-arguments:

3. Revised argument:

Respuestas

Sus argumentos en contra podrían parecerse a los siguientes:

a. Uniforms won't create a stronger sense of community; they'll create a culture of conformity.
b. Uniforms alone won't decrease discipline problems. The problem goes too deep.

c. Students from poorer families will still have cheaper shoes, coats, etc. Uniforms can't hide their socioeconomic status.

Su argumento revisado, por supuesto, depende de sus argumentos en contra. Abajo tiene un ejemplo de cómo se podrían incorporar. Las oraciones que se dirigen a los argumentos en contra están en negritas.

Public school students should wear uniforms just like private school students do. For one thing, uniforms will create a stronger sense of community. It's important for children to feel like they belong, and uniforms are a powerful physical and psychological way to create that sense of belonging. **While some worry that uniforms encourage conformity, a sense of belonging helps give students the self-esteem they need to be themselves.** Uniforms also improve discipline. According to the Department of Education, private schools across the country have fewer discipline problems than public schools, and the handful of public schools that have experimented with uniforms have found their discipline problems decreased sharply. **This demonstrates that uniforms alone can have a profound affect on discipline.** Furthermore, uniforms can help increase the self-esteem of children from poorer families. If everyone wears the same clothes, they don't have to come to school ashamed of their hand-me-downs or second-hand clothing. **Though uniforms won't alleviate their poverty, and though they still won't be able to afford the kinds of shoes and accessories that wealthier children sport, uniforms *will* enable them to feel significantly more comfortable among their peers.**

Resumen

Los buenos argumentos deductivos cumplen con los siguientes criterios:

- La conclusión y las premisas son claras y completas.
- La conclusión y las premisas no contienen una persuasión sutil excesiva.
- Las premisas son creíbles y razonables.
- Las premisas son suficientes e importantes.
- El argumento considera la otra parte.

Cuanto más de estos criterios reúna su argumento, más convincente será.

El desarrollo de capacidades entre lección y lección

- Practique desarrollar sus capacidades de argumentar haciendo de abogado del diablo. Cuando escuche un argumento deductivo, piense en lo que argumentaría una persona con la postura opuesta.
- Cuando escuche o haga un argumento hoy, trate de agregarle respaldo. Agregue otra premisa mayor, o premisas menores para respaldar las mayores.

L·E·C·C·I·Ó·N 10
EMPLEAR TODO LO ANTERIOR

RESUMEN DE LA LECCIÓN

Esta lección pone en práctica todas las estrategias y habilidades desarrolladas a través de las lecciones 1-9. Repasará los puntos clave de cada lección y evaluará afirmaciones y argumentos.

Antes de ir más lejos, es hora de revisar todo lo que ha aprendido en las lecciones anteriores para que pueda combinar estrategias y ponerlas en práctica. La repetición ayudará a solidificar en su memoria ideas sobre lo que forma parte de un buen argumento. Repasemos cada lección una por una.

LECCIÓN 1: LAS CAPACIDADES DE RAZONAMIENTO Y PENSAMIENTO CRÍTICO

Aquí aprendió que el pensamiento crítico significa considerar cuidadosamente un problema, afirmación, cuestión o situación para determinar la mejor solución. También aprendió que las capacidades de razonamiento incluyen usar el sentido común y basar nuestras razones para actuar en hechos, evidencias o conclusiones lógicas. Finalmente, ha aprendido que las capacidades de razonamiento y pensamiento crítico lo ayudarán a formular argumentos sólidos, medir la validez de los argumentos de los demás, tomar decisiones de un modo más eficaz y lógico y resolver problemas y enigmas eficientemente.

Lección 2: Estrategias para la resolución de problemas

Aquí aprendió que el primer paso en resolver cualquier problema es identificar con precisión el aspecto principal de un problema para luego dividirlo en sus distintas partes. Después tiene que priorizar los aspectos y asegurarse de que todos sean relevantes.

Lección 3: Pensar *versus* saber

Aquí practicó distinguir entre hechos y opiniones. Los hechos consisten en cosas que *se sabe* con certeza que han ocurrido, son verdad o que existen. Las opiniones consisten en cosas que *se cree* que han ocurrido, son verdad o que existen. Las verdades tentativas son afirmaciones que se creen hechos pero que no son verificables.

Lección 4: Evaluar la credibilidad

Aquí aprendió a evaluar la credibilidad de una afirmación al aprender cómo reconocer la parcialidad y determinar el nivel de experiencia de una fuente. También aprendió por qué los testigos oculares no son siempre creíbles.

Lección 5: Afirmaciones parciales y verdades a medias

Aquí practicó identificar afirmaciones incompletas como las que se encuentran en propagandas. También aprendió cómo los promedios pueden ser engañosos.

Lección 6: La persuasión

Aquí aprendió cómo los eufemismos, disfemismos y preguntas parciales pueden ser usados para hacer que las personas reaccionen de un modo determinado. Los eufemismos reemplazan expresiones negativas con otras positivas, los disfemismos reemplazan expresiones neutrales o positivas con otras negativas, y las preguntas parciales le hacen difícil contestar de modo justo.

Lección 7: Trabajar con argumentos

Aquí aprendió que los argumentos deductivos van de una conclusión a las premisas de respaldo. Practicó identificar la conclusión y aprendió la diferencia entre premisas que ofrecen respaldo individual y las que forman parte de una cadena de respaldo.

Lección 8: Evaluar las evidencias

Aquí practicó considerar cuidadosamente las evidencias para determinar si son válidas o no. Los dos criterios clave que buscaba eran que fueran creíbles y razonables.

Lección 9: Reconocer un buen argumento

Por último, aprendió lo que forma parte de un buen argumento: una conclusión y premisas que sean claras, completas y libres de la persuasión sutil; premisas creíbles, razonables, suficientes e importantes; y la consideración de la otra parte.

EMPLEAR TODO LO ANTERIOR

> Si alguno de estos términos o estrategias no le es familiar, DETÉNGASE. Tómese unos minutos para repasar la lección que no le haya quedado clara.

Ahora a practicar.

PRÁCTICA

You are on a crowded bus headed downtown. A burly, angry-looking teenager has just demanded that you give up your seat for him.

1. What is the main problem or issue?

2. What are the parts of the problem?

3. Consider the priority of these issues. What part of the problem should you address first? Second?

Respuestas

1. The main problem is deciding whether or not to give him your seat.

2. There are several issues here, including the following:

   - Could you be in danger if you refuse?
   - Will you be embarrassed if you give him your seat?
   - How should you tell him *no* if you decide to refuse?
   - Will others around you come to your aid if you refuse and he gets violent?
   - Are there any open seats on the bus? If so, then he may be looking for a fight.
   - How soon will you be getting off the bus?
   - Could he be ill? How can you tell?
   - How are you feeling? Do you need to sit down?
   - Do you notice anything about him to suggest that he may be violent?

3. The first issue you should probably address is your safety. In order to assess whether or not you are in danger if you refuse, there are other issues you'll have to address, including whether or not it appears that he's looking for a fight and whether or not you notice any signs that he may be violent. After you assess the level of danger, then you can consider other factors. If, for example, it looks like a refusal will result in trouble, are there other seats you could move to? Can you simply get off the bus at the next stop?

PRÁCTICA

Abajo aparece un breve argumento deductivo. Léalo cuidadosamente y luego responda a las preguntas que siguen. Las oraciones están identificadas con letras para que se puedan rastrear más fácilmente las respuestas.

(a) Basketball players can earn millions in just one season. (b) Football players can earn hundreds of thousands for just a 30-second commercial. (c) Meanwhile, a teacher can't earn more than $50,000 a year doing one of the toughest jobs in the world. (d) These saints work a lot harder and deserve to get paid a lot more for the miracles they perform on a daily basis. (e) Who is more important—the woman who taught you how to read and write so that you can succeed in life, or the jock who plays for a living? (f) The average salary for professional athletes is $650,000. (g) That's more than ten times what the average public high school principal makes. (h) It's a disgrace that even benchwarmers make more in a month than I do all year.

REASONING SKILLS SUCCESS CON INSTRUCCIONES EN ESPAÑOL

4. Underline any opinions you find in this passage.

5. Put brackets [ ] around any claims that you feel are tentative truths.

6. Are there any incomplete claims in this argument?

7. Evaluate the use of the word *average* in this passage. Is it acceptable?

8. Highlight any euphemisms, dysphemisms, or biased questions.

9. What is the conclusion of this argument?

10. What are the premises that support that conclusion?

11. Evaluate those premises. Are they credible? Reasonable?

12. Would you say that this is a good argument? Why or why not?

Respuestas

4, 5 y 8. Abajo las opiniones están subrayadas, las verdades tentativas aparecen entre corchetes y las técnicas persuasivas están en negritas:

[Basketball players can earn millions in just one season. Football players can earn hundreds of thousands for just a 30-second commercial. Meanwhile, a teacher can't earn more than $50,000 a year] doing one of the toughest jobs in the world. These **saints** work a lot harder and deserve to get paid a lot more for the **miracles they perform on a daily basis**. **Who is more important—the woman who taught you how to read and write so that you can succeed in life, or the jock who plays for a living?** [The average salary for professional athletes is $650,000.] [That's more than ten times what the average public high school principal makes.] It's a disgrace that [even **benchwarmers** make more in a month than I do all year.]

6. Sí. El que argumenta afirma que *"These saints work a lot harder and deserve to get paid a lot more...."* ¿Más duro que qué? ¿Más que qué? La comparación implicada se refiere a los atletas profesionales, pero note que la afirmación en sí misma no hace esa conexión.

7. Sí y no. El primer salario promedio, dado en la oración **f**, para atletas profesionales, es preocupante por varias razones. Hay muchos deportes profesionales, por ejemplo el voleibol profesional o el tenis de mesa, donde los salarios, incluso de los mejores jugadores, no llegan a los $650,000. Si examina el salario de todos los atletas profesionales, es probable que descubra que el jugador típico no gana ni cerca de un salario de seis cifras. Sin embargo, como hay jugadores como Michael Jordan y Dion Sanders, cuyos salarios son de millones, el promedio es más alto que lo típico. El segundo promedio, el cual aparece en la oración **g**, sin embargo, es más aceptable. No es probable que haya una diferencia tan grande entre salarios de directores de escuela primaria.

9. La conclusión es la cuarta oración: *"These saints work a lot harder and deserve to get paid a lot more for the miracles they perform on a daily basis."*

EMPLEAR TODO LO ANTERIOR

10. Las premisas que respaldan esta conclusión incluyen las oraciones **a, b, c, f, g** y **h**. La oración **d** es la conclusión, y la oración **e** no puede ser una afirmación porque es una pregunta.

11. El argumento entero tiene que ser cuestionado cuando se considera la credibilidad del que argumenta. La última oración afirma que el que argumenta es maestro él mismo, lo que claramente indica parcialidad. Por otra parte, sugiere que tiene alguna experiencia en la área de los salarios de maestro y de lo duro que trabajan. Pero como el argumento no ofrece fuentes para sus cifras, no pueden ser aceptadas como hechos y eso debilita su credibilidad. Si esas cifras se pudieran verificar, las premisas serían razonables. Es más, la premisa de la última oración no puede ser aceptada porque no se da ninguna cifra para probarla. Además, hay una gran posibilidad de que los de la banca, en deportes tales como el tenis de mesa, no ganen casi nada.

12. En general éste es un argumento pobre. Por mucho que uno crea que los maestros merecen ser mejor remunerados, o que los salarios de algunos atletas profesionales son un disparate, el argumento no es muy eficaz. ¿Por qué? El primer problema es que la conclusión no es completa. Segundo, existe mucha persuasión sutil en este argumento. Tercero, el que argumenta y sus fuentes tienen problemas de credibilidad. Cuarto, el argumento no considera los argumentos en contra.

El desarrollo de capacidades entre lección y lección

- Repase las secciones del "desarrollo de capacidades" de cada lección de las últimas dos semanas. Intente lo que no ha hecho hasta ahora.
- Escriba una carta a un amigo explicándole lo que ha aprendido en las últimas diez lecciones.

L·E·C·C·I·Ó·N 11
FALACIAS LÓGICAS I

RESUMEN DE LA LECCIÓN

Los argumentos que apelan a las emociones de una persona en vez de su sentido de lógica y razón, abundan en la vida cotidiana. En esta lección, aprenderá a reconocer varias apelaciones comunes a las emociones para que pueda tomar decisiones mejor informadas y más lógicas.

Uno de sus compañeros de trabajo, Ronald, se postula para representante del sindicato. Lo conoce desde hace muchos años. Es un buen amigo de su supervisor, Shawn, por lo que lo ve muy a menudo y no le gusta lo que ve. Ha visto a Ronald tratar injustamente a otros compañeros de trabajo y hablar mal de la gente por detrás de ella. Ha decidido apoyar a otro candidato que siempre lo ha impresionado por su ética profesional y su generosidad. Pero el día anterior a la elección, Ronald le dice, "Sé que puedo contar con su voto el martes. A fin de cuentas, sé cuánto le importa su trabajo y sabe que Shawn y yo hemos sido amigos por mucho tiempo." Aunque usted está en el comité que creó el procedimiento y las cabinas de votación, aunque sabe que es casi imposible que Ronald descubra cómo votó y a pesar de que está seguro de que Shawn lo valora demasiado como para despedirlo por cómo votó, el martes votó por Ronald. ¿Por qué? ¿Cómo consiguió su voto?

No será muy difícil ver que Ronald se aprovechó de su deseo de proteger su bienestar. Aunque sabía que no era cierto, todavía le hizo pensar que su trabajo estaba en peligro si no votaba por él. Consiguió su voto sin argumentar con *razones* y *lógica*, sino al manipular sus *emociones*.

Hay muchas estrategias que las personas pueden usar para tratar de convencerlo de que sus conclusiones son sólidas. Desafortunadamente, muchas de estas estrategias parecen ser lógicas cuando, de hecho, no lo son. Estas estrategias, que muchas veces se llaman **falacias lógicas** o **pseudorazonamiento** (razonamiento falso), pueden llevarlo a tomar malas decisiones y aceptar argumentos poco sólidos. Por eso las próximas tres lecciones tratan de algunas de las falacias lógicas más comunes. Cuanto más de ellas pueda reconocer, y más pueda evitar en sus propios argumentos, mejor resolverá problemas y tomará decisiones.

Esta lección trata de cuatro falacias que apelan a las emociones en lugar de a su sentido de la razón: tácticas de generar miedo, zalamería, presión del grupo y apelaciones a su compasión.

TÁCTICAS DE GENERAR MIEDO

En la situación descrita al principio de esta lección, Ronald apeló a una de sus emociones: el miedo. Votó por él por miedo a perder el trabajo si no lo hacía. Él utilizó su relación con su supervisor para asustarlo lo suficiente como para que aceptara su conclusión (que debería votar por él). No le dio ninguna razón lógica por la que votarlo, en cambio, jugó con sus emociones. Utilizó una falacia lógica que se suele llamar *tácticas de generar miedo*.

Las **tácticas de generar miedo** son empleadas con mucha frecuencia en argumentos deductivos y pueden ser muy poderosas. Aunque a veces la tácticas de generar miedo se pasan y se convierten en amenazas reales a su bienestar físico y emocional, en la mayoría de los casos uno no está en ningún peligro verdadero.

Una vez que sabe qué buscar, puede descubrir estas tácticas sin ningún problema. Por ejemplo, lea el argumento siguiente:

> Apoye el control de armas de fuego o usted podría ser la próxima víctima.

Convincente, ¿no? Al fin y al cabo, ¿quién querría ser la próxima víctima? Pero, ¿es éste un buen argumento? Note que la única razón que este argumento le da para apoyar su conclusión es emocional. Su intención es asustarlo para que apoye el control de armas de fuego. El argumento sería mucho más fuerte si también ofreciera alguna razón lógica para su apoyo.

PRÁCTICA

Lea los siguientes argumentos cuidadosamente. Si el argumento emplea la lógica para apoyar su conclusión, escriba una L en el espacio en blanco. Si el argumento emplea tácticas de generar miedo, escriba una S (de *scare tactics*) en el espacio en blanco.

____ 1. We'd better leave now. If we don't, we might miss the last train and we'll be stuck here all night.

____ 2. I really think it'd be a good idea to do whatever he asks. He's a pretty powerful person.

____ 3. I really think it's a good idea to do whatever he asks. I've seen him fire people who say *no* to him.

Respuestas

1. **L.** Las razones dadas apelan al buen sentido común.

FALACIAS LÓGICAS I

2. S. Este argumento sugiere que él es una persona que le puede hacer daño si no hace lo que quiere.

3. S. Éste puede haberle engañado, porque parecería que esta razón fuera lógica. Pero simplemente porque el que argumenta ha visto a esta persona despedir a otros no le da razones lógicas por las que hacer *"whatever he asks"*. Quién sabe, lo que pida podría ser ilegal o peligroso. Igual que su compañero de trabajo, Ronald, esta persona intenta asustarlo para que haga lo que quiere.

ZALAMERÍA

Se dice que la zalamería no logra nada, pero esto no es verdad. La zalamería es muy poderosa. Tan poderosa que, de hecho, muchas veces lleva a las personas a tomar malas decisiones y aceptar argumentos que realmente no tienen ningún fundamento lógico. Al igual que las personas pueden apelar a uno de sus sentimientos, el miedo, también pueden apelar a nuestra **vanidad**, lo cual constituye otra falacia lógica. Aquí tiene un ejemplo:

> You're a good citizen. You care about the future. That's why we know we can count on you to re-elect Senator Houseman.

Note cómo este argumento no le da ninguna razón lógica por la que reelegir al Senador Houseman. En cambio, lo halaga. A uno le gusta escuchar que es un buen ciudadano al que le interesa el futuro. Aunque esto puede ser la verdad en su caso, ¿es ésta una razón por la que reelegir al senador? No sin ninguna evidencia de que haya hecho un buen trabajo durante su primer mandato. Este argumento no da ninguna evidencia de su desempeño en el trabajo.

Aquí tiene otro ejemplo de una apelación a la vanidad:

> "Professor Wilkins, this is the best class I've ever taken. I'm learning so much from you! Thank you. By the way, I know that I missed an exam last week and that you normally don't let students make up missed exams. However, since you are such an excellent teacher, I thought you'd allow me to make up the test."

Aquí, el estudiante no le da ninguna razón a la profesora por la que debe hacer una excepción a su política y dejarle tomar el examen que perdió. Puede que sea una profesora excelente y el estudiante esté aprendiendo mucho de ella, pero no le da ninguna buena razón, simplemente la halaga para que le permita tomar el examen.

PRÁCTICA

Lea los siguientes argumentos cuidadosamente. ¿Utilizan la lógica (L) o apelan a la vanidad (V)?

____ **4.** Teacher to class: "This has been the best class I've ever taught. You're always so prepared and eager to learn! Thank you all so much. Now, I have these end-of-the-semester evaluations I need you to fill out. I know you'll all be honest and fill them out carefully. Thank you."

____ **5.** "Claire, I'd like you to handle this typing project. You're the fastest typist and the best at reading my handwriting."

___ 6. "Claire, I know you don't mind a little extra work—you're such a good sport! So I'd like you to handle this typing project. You're the best. By the way, that's a terrific outfit."

Respuestas

4. V. Esto definitivamente es una apelación a la vanidad de los estudiantes. El profesor espera que al halagar un poco a los estudiantes, diciéndoles lo maravillosos que son, que a cambio serán más generosos en sus evaluaciones de la clase.

5. L. El que habla ofrece dos razones lógicas y prácticas por las que Claire debe manejar el proyecto.

6. V. El que habla trata de convencer a Claire de que debe hacer trabajo extra al elogiarla. Note que ninguna de las razones se relaciona directamente con su habilidad de hacer un buen trabajo.

PRESIÓN DEL GRUPO

Junto con el miedo y la vanidad, otra emoción extremadamente poderosa es nuestro deseo de ser aceptados por los demás. De niños, muchas veces las personas hacen cosas que saben que no deben hacer a causa de la presión de amigos. Desafortunadamente, muchas personas se dejan llevar por la presión del grupo durante toda la vida. **La presión del grupo** es otra forma del razonamiento falso. Es un argumento que dice, "Acepte la conclusión o no se lo aceptará a *usted*". Busque ejemplos de la presión del grupo en los siguientes argumentos:

"Venga, Sally. Quédese. Todos lo demás se quedan."

"Todos vamos a votar que *no*, Joe. Tú también debes hacerlo."

En ambos ejemplos, los que argumentan no ofrecen ninguna razón lógica por la que aceptar sus conclusiones. En cambio, le ofrecen la inclusión; usted será como todos los demás. Es el viejo argumento que "todos los demás lo hacen". El argumento contrario es exactamente el que le daba su madre: "Si todos se fueran a tirar de un precipicio, ¿te tirarías también?"

No le gusta a nadie ser excluido y por eso muchas veces cedemos ante la presión del grupo. *Es* difícil ser diferente y ser el único. Pero es importante recordar que nuestro deseo de ser incluido *no* es una razón lógica por la que aceptar un argumento. ¿*Por qué* Joe debe votar que *no*? Necesita escuchar algunas razones específicas y lógicas. Si no, simplemente cae víctima de la lógica falsa.

PRÁCTICA

Lea cuidadosamente los siguientes argumentos. ¿Emplean la lógica (L) o la presión del grupo (P) los que argumentan para convencerlo?

___ 7. "*We* all think that the death penalty is the only way to cure society of rampant crime. Don't you?"

___ 8. "Come on, we're all voting Democratic again, just like the last time."

___ 9. "Stick with your party, Joe. The more unified we are, the more likely our candidates will win."

FALACIAS LÓGICAS I

___ **10.** "You should stop eating red meat. We've stopped and we feel much healthier."

Respuestas

7. P. El que habla intenta lograr un acuerdo al enfatizar que todos piensan igual. Sugiere que si no está de acuerdo, será el único que piensa de ese modo.

8. P. De nuevo, el que habla emplea la presión del grupo. Aquí, la sugerencia es que todos los demás votan del mismo modo y que por lo tanto usted lo debe hacer también. Pero el que habla no ofrece ninguna razón lógica por la que votar a los demócratas.

9. L. Esta vez el que habla le da una buena razón lógica a Joe por la que votar según el partido: el candidato de su partido ganará.

10. L. El que habla da una buena razón por la que considerar su afirmación: se sienten mucho mejor desde que dejaron de comer carne roja. Por supuesto, querría escuchar más argumentos de respaldo antes de tomar una decisión, pero este argumento no intenta persuadirlo a través de las emociones.

Compasión

Officer Hill pulls over a car he clocked at 82 in a 55 mph zone. The driver tells him, "I'm sorry, officer. I didn't realize I was going so fast. I'm just so upset about my grandmother. I just found out she is in the hospital and she only has a few days to live. And right now, I can't afford a ticket to fly across the country to see her one last time."

What should Officer Hill do?
a. Issue the driver a ticket and double her fine. He doesn't have time for sob stories.
b. Issue the driver a regulation ticket.
c. Let the driver go with just a warning.
d. Provide the driver with police escort to make sure she arrives home safely.

Claramente, las opciones **a** y **d** no son razonables. Pero, ¿debe el Oficial Hill darle otra oportunidad a la conductora (c) simplemente porque está afectada? ¿Es ésta una buena razón por la que no seguir los procedimientos adecuados cuando claramente ha violado la ley?

Independientemente de que la conductora diga la verdad (y esto es algo que tendrá que determinar el Oficial Hill), ella ha apelado a una de las emociones más fuertes, la compasión que uno siente por los demás. Nadie quiere sentirse despiadado o cruel. Por eso apelar a la **compasión**, otra falacia lógica, muchas veces funciona.

Aquí tiene otro ejemplo de una apelación a la compasión:

Think of all the families of the murder victims. Think of their suffering. Think of their pain and agony. Support capital punishment—for their sake.

Note que este argumento le pide al que escucha que apoye una causa puramente por razones *emotivas*. Apela al sentimiento de compasión por las familias que han perdido a un ser querido. Mientras éste puede ser un argumento irresistible (al fin y al cabo, las familias de las víctimas sí merecen la compasión) no es *lógico*. No se dirige al *por qué* la pena de muerte pueda ser una política razonable.

Por supuesto que tendrá que juzgar cada situación individualmente. Pero igual que en otras apelaciones a

LearningExpress Skill Builders • LESSON 11

las emociones, es importante tener algunas razones lógicas para respaldar las emotivas. Desafortunadamente, si las decisiones se basan puramente en la compasión, muchas veces vuelven a molestarlo a uno. Hay algunas personas en el mundo que se aprovecharán de su sentimiento de compasión, por lo que debe pensarlo cuidadosamente antes de actuar en base a la compasión sola.

PRÁCTICA

Lea cuidadosamente los siguientes argumentos. ¿Emplean la lógica (L) para convencerlo o apelan a su sentimiento de compasión (P de *pity*)?

____ **11.** "But you can't fire me, Mr. Watts. I have seven mouths to feed!"

____ **12.** "But you can't fire me, Mr. Watts. I'm the only one who knows how to repair the machine. Besides, I have seven mouths to feed!"

____ **13.** "I know I don't have any experience, but I really need this job. My mom is sick and I'm the only child old enough to work."

Respuestas

11. P. La única razón que da el que habla para no ser despedido es que tiene una familia a la que alimentar. No hace ningún argumento basado en su capacidad de desempeñar sus obligaciones en el trabajo.

12. L. Y un poco de compasión. El empleado ofrece una razón poderosa y lógica por la que no despedirlo, además de una emotiva.

13. P. Sin embargo, como siempre, necesita considerar el caso individualmente. Tal vez el trabajo que solicite esta persona no requiera mucha experiencia, o tal vez el postulante aprenda muy rápido. En ese caso, podría estar bien dejarse influir un poco por la compasión.

RESUMEN

Las apelaciones a las emociones, incluyendo el miedo, la vanidad, el deseo de ser incluido y la compasión, pueden ser muy fuertes. Es importante reconocer cuando un argumento emplea apelaciones a sus emociones, especialmente cuando éste es el único tipo de respaldo que ofrece el argumento.

El desarrollo de capacidades entre lección y lección

- Escuche cuidadosamente durante el día por apelaciones a las emociones. Si le gusta mirar la televisión, verá que estas apelaciones se emplean con frecuencia en las comedias.
- Piense en algo que quiere que alguien haga por usted. Piense en varias razones buenas y lógicas por las que esa persona debe responderle que sí. Luego, piense en cuatro diferentes apelaciones emocionales, una de cada categoría, que usaría si no se le ocurriera otro modo de convencerlo.

L·E·C·C·I·Ó·N 12
FALACIAS LÓGICAS II

RESUMEN DE LA LECCIÓN

Algunas formas de falacias lógicas son más difíciles de reconocer que otras porque *parecen* lógicas. Esta lección lo ayudará a identificar varias falacias comunes, incluyendo el *razonamiento circular* y la idea de que *un error justifica otro*.

"Está con nosotros o está en contra. Escoja." ¿Alguna vez ha estado en una situación como ésta, en la que está obligado a decidir entre dos opciones contradictorias? Probablemente. Pero es probable también que haya tenido más opciones de las que le parecía.

Las falacias lógicas vienen en muchas formas diferentes. La última lección cubrió el razonamiento falso que apela a sus emociones en lugar de a su lógica. Esta lección tratará de cuatro falacias lógicas que a veces son más difíciles de detectar porque no apelan a sus emociones. Como resultado, pueden *parecer* lógicas aunque no lo sean. Este tipo de falacias se llaman **impostores**. Se cubrirán cuatro tipos en esta lección, incluyendo *ningún término medio, relaciones demasiado fáciles, razonamiento circular* y *un error justifica otro*.

LearningExpress Skill Builders • LESSON 12

REASONING SKILLS SUCCESS CON INSTRUCCIONES EN ESPAÑOL

Ningún término medio

Ningún término medio (también llamado *dilema falso*) es una falacia lógica que intenta convencerlo de que sólo hay dos opciones: hay X y hay Y, y nada entre medio. La "lógica" detrás de esta falacia es que si piensa que existen sólo dos opciones, entonces no considerará otras posibilidades. El que argumenta espera que entonces sea más posible que acepte su conclusión.

Por ejemplo, imagine que un hombre y su mujer están planeando un viaje a Hawai. El hombre le dice a su esposa, "O nos quedamos una semana o no vamos." No da ninguna buena razón por el mínimo de siete días y es obvio que está empleando la táctica de ningún término medio. Al ofrecerle sólo estas dos opciones a su mujer, la obliga a una decisión particular. ¿Cómo decir *no* a una semana en Hawai cuando la alternativa es no ir en absoluto? Pero ella podría tener otras obligaciones que harían que un viaje de siete días fuera imposible o que uno de cinco días fuera mejor para los dos. Y cinco días en Hawai es mejor que nada.

Es importante recordar que hay muy pocas situaciones en las que existen sólo dos opciones. Casi siempre existen otras posibilidades.

PRÁCTICA

1. Look at the following scenario. What other options are available?

    Either you're a Republican or a Democrat. There's nothing in between.

Respuesta

Hay muchas otras opciones. Uno puede ser independiente (no estar inscrito en ningún partido); puede ser miembro del Partido Independiente; puede ser miembro del Partido Verde; etc. Podría también ser Demócrata y votar al Partido Republicano en algunos asuntos, y viceversa. En otras palabras, hay muchos términos medios aquí.

PRÁCTICA

Lea cuidadosamente los siguientes argumentos. ¿Utilizan lógica (L) o ningún término medio (NI de *no in-betweens*) los que argumentan para convencerlo?

____ 2. Mother to son: "Either you major in engineering or in pre-med. Nothing else will lead to a good career."

____ 3. We can go to the movies or to the bowling alley. Unfortunately, because of the holiday, everything else is closed.

____ 4. Either we raise taxes by 10% or we drown ourselves in a budget deficit.

____ 5. Look, either you support abortion or you don't. You can't have it both ways.

Respuesta

2. **NI.** Por supuesto que existen otras carreras que pueden llevar a una buena profesión.

3. **L.** Si todo lo demás está cerrado, entonces son realmente las únicas dos opciones si insiste en salir.

4. **NI.** Definitivamente existen otras opciones. Aumentar los impuestos no es necesariamente la única forma de arreglar el déficit presupuestario. De modo similar, no aumentar

FALACIAS LÓGICAS II

los impuestos no necesariamente significa ahogarse en déficit. Hay otras maneras de dirigirse al problema del déficit.

5. **NI.** Hay muchas personas que tienen una postura entre medio. Algunas personas, por ejemplo, están en contra del aborto salvo en circunstancias especiales, como el estupro.

RELACIONES DEMASIADO FÁCILES

Si se les permite a los científicos experimentar con el clon de los seres humanos, pronto estarán produciendo en masa personas en líneas de montaje.

¿No?

Pues, tal vez. Pero lo más probable es que no, y no es definitivo para nada. Este tipo de falacia lógica, que se suele llamar **relaciones demasiado fáciles**, presenta una situación de si/entonces. Argumenta que si X ocurre, entonces seguirá Y. Sin embargo, este argumento "pronto" tiene una gran falla: X no lleva necesariamente a Y. Cuando escucha a alguien hacer una afirmación en este formato, necesita emplear sus capacidades de razonamiento y pensamiento crítico. Necesita considerar cuidadosamente si existe o no una relación lógica entre X y Y.

Si los científicos fueran a experimentar con el clon de los seres humanos, por ejemplo, ¿quiere decir *necesariamente* que se producirá en masa a seres humanos en líneas de montaje? Definitivamente que no. Primero, puede resultar imposible clonar a los seres humanos. Segundo, si es posible, es un paso grande de un solo clon a una producción de línea de montaje de clones. Y tercero, si es posible hacer clones en líneas de montaje, es probable que se prohiba. Así que aunque la idea de una producción en masa de seres humanos es espantosa, no es lógico restringir los experimentos porque tenemos miedo de consecuencias poco probables. Se tienen que presentar razones más lógicas para justificar la limitación de ese tipo de experimentación.

PRÁCTICA

Lea cuidadosamente los siguientes argumentos. ¿Utilizan lógica (L) o relaciones demasiado fáciles (SS de *slippery slope*) para convencerlo?

_____ 6. If we legalize marijuana, next thing you know, everyone will be going to work high, and Congress will be so high it'll legalize cocaine and all other drugs.

_____ 7. I don't think the "three strikes and you're out" policy for convicted felons is a good policy. Before you know it, it'll be two strikes, then one. Then we'll be sticking people in jail for misdemeanors.

_____ 8. I wouldn't drop this class if I were you. If you do, you'll be three credits behind and you'll have to take an extra class next semester to graduate on time.

Respuestas

6. **SS.** Si se legaliza la marihuana, no significa que todo el mundo irá a trabajar "fumado". Primero, no todos elegirán fumar. Segundo, si lo hacen, pueden optar por no ir a trabajar en esa condición, puesto que no es muy probable que mantengan sus trabajos de esa forma. Y legalizar la marihuana definitivamente no quiere decir que los miembros del Congreso fumarán y tomarán decisiones irresponsables como legalizar la cocaína y otras drogas.

7. SS. De nuevo, X no lleva necesariamente a Y. No hay ninguna razón por la que creer que tres delitos se reduzcan a dos y luego a uno.

8. L. Ésta es una razón buena y lógica para no dejar la clase.

RAZONAMIENTO CIRCULAR

Está en una reunión cuando decide sacar lo que le parece un tema importante. Cuando termina, su jefe lo mira y le dice, "Bueno, eso no es importante".

"¿Por qué no?", pregunta usted.

"Porque, simplemente, no importa," responde.

Su jefe ha cometido una falacia lógica muy común llamada **razonamiento circular** (también conocida como *dar por sentado lo que queda por probar*). El nombre razonamiento circular es muy apropiado, porque eso es lo que esta lógica falsa hace: corre en círculos. Note cómo el argumento de su jefe vuelve sobre sus pasos. En otras palabras, su conclusión y premisa dicen esencialmente lo mismo:

Conclusión: Eso no es importante.
Premisa: No importa.

En vez de progresar lógicamente de conclusión a evidencias, el argumento se queda trabado en la conclusión. Como un perro que persigue su propia cola, no va a ninguna parte. Aquí tiene otro ejemplo:

Sabe que eso no es bueno para usted; no es saludable.

Note cómo la premisa, "no es saludable", no es un respaldo para la conclusión "eso no es bueno para usted", sino que en realidad, simplemente lo repite. De nuevo, el argumento no va a ninguna parte.

El razonamiento circular puede ser particularmente tramposo porque una conclusión que vuelve sobre sus pasos muchas veces *suena* fuerte. Esto es, al volver a articular la conclusión, puede reforzar la idea que quiere comunicar. Pero *no* ofrece ninguna razón lógica por la que aceptar ese argumento. Cuando escuche a alguien hacer una afirmación que sigue este formato, busque una premisa lógica para respaldar la conclusión. Es probable que no la encuentre.

PRÁCTICA

Vea si puede reconocer el razonamiento circular en los siguientes argumentos. Si el argumento es lógico, escriba una L en el espacio en blanco. Si el argumento es circular, escriba una C en el espacio en blanco.

____ **9.** I know he's telling the truth because he's not lying.

____ **10.** He should have a break. He deserves it.

____ **11.** Give him a break. He's been working non-stop for eight hours.

____ **12.** It's the right thing to do because this way no one will get hurt.

____ **13.** We believe this is the best choice because it's the right thing to do.

Respuestas

9. C. Este argumento vuelve sobre sus pasos. "He's not lying" no dice más que lo que ya se dijo en la conclusión.

FALACIAS LÓGICAS II

10. C. Note que la premisa no da ninguna razón por la que darle un descanso. Que "he should have one" y que "he deserves it" son la misma cosa.

11. L. La premisa aquí ofrece una razón verdadera. Si él ha estado trabajando "eight hours non-stop", *sí*, lo merece.

12. L. Impedir que se les haga daño a las personas es una buena premisa de respaldo para la conclusión aquí.

13. C. A diferencia del número 12, la premisa y la conclusión aquí dicen esencialmente lo mismo.

UN ERROR JUSTIFICA OTRO

A su amiga la acaba de dejar su novio. "¿Qué pasó?" pregunta usted.

"Pues, se enteró que lo engañé con otro", ella responde.

"¿Por qué hiciste eso?"

"Tú conoces su reputación. Me hubiera engañado en algún momento, así que, ¿por qué no lo puedo hacer yo?"

Es hora de hablar con su amiga. Lo que ella dice aquí puede parecer lógico, pero, como en el caso de las otras falacias, no lo es. La conclusión que ella saca no viene del buen razonamiento. Su amiga ha caído víctima de la falacia de que un error justifica otro.

La falacia **un error justifica otro** asume que está bien que usted le haga algo a otro porque ese otro *podría* hacerle algo a usted. Pero un error no justifica otro, especialmente cuando estamos hablando de *posibilidades*.

Si es *posible* que el novio de su amiga la engañe, ¿justifica eso que ella salga y lo engañe a él? Por supuesto que no.

No confunda esta falacia con la mentalidad de *ojo por ojo*. La falacia *un error justifica otro* no tiene que ver con la venganza, sino con tener la ventaja. En lo de ojo por ojo, uno le hace algo a otro porque esa persona *ya* le ha hecho algo a usted. Pero un error justifica otro argumenta que uno puede hacer algo simplemente porque otro *podría* hacérselo a usted. Y esto no es ni lógico ni justo.

Para demostrarle cuán ilógica es esta falacia, imagine lo que habría pasado si los Estados Unidos y la antigua Unión Soviética hubieran asumido este punto de vista durante la guerra fría. Si lo hubieran hecho, usted probablemente no estaría aquí estudiando esta lección. El gobierno estadounidense hubiera dicho, "Los rusos podrían bombardearnos, así que vamos a hacérselo a ellos primero". Y los rusos hubieran dicho, "Los americanos podrían atacarnos, así que vamos a bombardearlos". Esta postura hubiera terminado en un holocausto nuclear.

Esto es, por supuesto, un ejemplo exagerado, pero así tienen la idea. Un error construido sobre una *posibilidad*, incluso una *probabilidad*, no justifica otro.

PRÁCTICA

14. Marque los argumentos abajo que contienen la falacia un error justifica otro.
   a. Go ahead, tell your boss what you saw Edgar do. You know he'd report you in a second if he ever saw you do something like that.
   b. The death penalty makes sense. People convicted of murder should be murdered themselves.

c. John wants the job as badly as I do, so he'll probably start rumors about me to ruin my reputation. I'd better ruin his first.

Respuestas

Los argumentos **a** y **c** utilizan la falacia un error justifica otro. El argumento **b** puede parecer que contenga una, pero mírelo de nuevo. En este caso, el que argumenta está diciendo que las personas que ya han matado deben ser asesinadas a su vez. Esto es realmente un ojo por ojo, no un ojo por una posibilidad.

Resumen

Las falacias lógicas puede parecer lógicas. Para evitar caer en sus trampas, necesita estar atento al razonamiento falso. La falacia **ningún término medio** trata de convencerlo de que sólo existen dos opciones cuando en realidad existen muchas. La falacia **relaciones demasiado fáciles** trata de convencerlo de que si hace X, seguirá Y, pero en realidad X no lleva a Y. El **razonamiento circular** es un argumento que corre en círculos porque la conclusión y la premisa dicen esencialmente lo mismo. Finalmente, **un error justifica otro** afirma que está bien hacerle algo a alguien porque esa persona podría hacerle algo a usted.

El desarrollo de capacidades entre lección y lección

- Cada una de las falacias estudiadas en esta lección son muy comunes. Búsquelas durante el día. De nuevo, estas falacias son de los tipos que se podrían encontrar en varias comedias, así que búsquelas incluso cuando está mirando la televisión.
- Piense en algo que le gustaría que alguien hiciera por usted. Piense en razones basadas en las falacias lógicas que ha aprendido en esta lección por las que esa persona debe decirle que sí. Luego piense en varias razones buenas y lógicas. Ésas son las razones que debe usar al tratar de convencer a alguien de algo.

L·E·C·C·I·Ó·N
FALACIAS LÓGICAS III
13

RESUMEN DE LA LECCIÓN

En esta última lección sobre las falacias lógicas en el razonamiento deductivo, aprenderá de falacias que tratan de distraer su atención al problema real o que distorsionan el problema para que sea más probable que acepte el argumento. Estas falacias incluyen *ad hominem,* la distracción de la atención al problema real y un argumento de oposición débil o imaginario.

Usted es nuevo en su trabajo y apenas está comenzando a conocer a sus compañeros. Un día mientras habla con un compañero, Ty, usted menciona un pequeño problema que tiene con su novia. Ty le da un consejo. Luego el mismo día, otra compañera de trabajo que estaba cerca cuando hablaba con Ty le dice, "Mire, no es problema mío, pero si yo fuera usted, no escucharía nada que le pueda decir Ty sobre relaciones. ¡Ese tipo ha tenido tantas relaciones en el último año que ya perdió la cuenta!"

¿Debe escucharla a Lynette e ignorar los consejos de Ty?

Como ahora es nuevo en el trabajo y todavía no conoce bien a nadie, tiene un pequeño dilema aquí. ¿En quién confía? ¿Quién es más creíble? No puede resolver esas preguntas todavía pues es tan nuevo, pero lo que es importante notar aquí es que Lynette ha cometido una falacia lógica. En esta última lección sobre falacias lógicas y el razonamiento deductivo, va a aprender sobre **distracciones** y **distorsiones**, falacias que intentan confundir los problemas para que uno acepte más fácilmente la conclusión del argumento. Primero se discutirá *ad hominem*, seguido por la distracción de la atención al problema real y un argumento de oposición débil o imaginario.

AD HOMINEM

¿Qué es lo que Lynette hizo mal? A fin de cuentas, si Ty ha tenido docenas de relaciones, ¿cómo *puede* darle buenos consejos? Lo que dice Lynette tiene mucho sentido, ¿no?

El argumento de Lynette puede parecer lógico, pero no lo es. Esto es porque Lynette no está atacando el *consejo* de Ty, sino a *Ty* mismo. Este tipo de razonamiento falso se llama **ad hominem,** lo cual significa *al hombre* en latín. Las falacias *ad hominem* atacan a la *persona* que hace la afirmación en vez de la *afirmación* misma.

Una falacia *ad hominem* puede tomar una variedad de formas. Uno puede atacar a una persona, como lo hace Lynette, por su personalidad o acciones. También puede atacar a una persona por sus creencias o afiliaciones. Por ejemplo, puede decir, "No lo escuche a él, es un liberal". O puede atacar a una persona por su nacionalidad, etnia, apariencia, profesión o cualquier otra categorización. Por ejemplo, imagine que alguien le dice:

"Por supuesto que no tiene razón. Cualquiera que se viste así obviamente no sabe nada de nada."

Éste es un caso claro de *ad hominem*.

Ad hominem intenta distraerlo de mirar la validez de la afirmación al destruir la credibilidad de la persona que la hace. Pero el problema con *ad hominem* es que no trata realmente del asunto de la credibilidad. El mero hecho de que Ty haya tenido muchas relaciones en el pasado no quiere decir que no puede dar buenos consejos sobre las relaciones. De hecho, como ha estado en muchas relaciones, podría ser considerado más experto que la mayoría. Todo depende de qué tipo de relaciones y qué tipo de consejos busca usted. Puede ser que Ty simplemente no haya conocido a la persona adecuada. Tal vez Ty no esté buscando una relación de larga duración. Cualquiera que sea el caso en su vida personal, todavía puede darle buenos consejos. Lo que Lynette debe hacer es atacar el *argumento* de Ty sobre cómo manejar su relación en vez de atacar a Ty mismo.

Para clarificar cuando algo es y no es un *ad hominem,* fíjese en el siguiente ejemplo:

A. No escuche lo que dice Bob sobre las inversiones. Ese tipo es el más codicioso que nunca conocí.
B. No escucharía lo que dice Bob sobre las inversiones si yo fuera usted. Recientemente tomó sus propias decisiones de inversión y perdió todo su dinero en la bolsa.

¿Es alguna de éstas una falacia ad hominem? ¿Ambas? ¿Ninguna?

Probablemente vio que el argumento A utiliza *ad hominem* descaradamente. ¿Qué importa si Bob es codicioso? Eso no quiere decir que no puede tener buenos consejos que dar sobre las inversiones. De hecho, si es codicioso, puede saber mucho sobre el tipo de inversión que gane más dinero. Si le *cae bien* o no es otro asunto de si tiene buenos consejos o no. Su naturaleza codiciosa no debería afectar la credibilidad de su argumento. Recuerde, la credibilidad se basa en la imparcialidad y la experiencia, no en apariencias, personalidad, comportamientos pasados o creencias.

Si, por otro lado, Bob ha invertido recientemente y ha perdido su dinero, se debe cuestionar su experiencia en asuntos de inversión. Sí tiene experiencia con la inversión, pero su experiencia demuestra que no debe saber demasiado sobre el tema. Usted debe investigar más antes de decidir si escuchar sus consejos o no. De

FALACIAS LÓGICAS III

todos modos, al menos el argumento B evita la falacia *ad hominem*.

Las falacias ad hominem también pueden funcionar al revés. Esto es, el argumento puede alentarlo a *aceptar* el argumento de alguien basado en quién lo dice o lo que la persona es, en vez de en la validez de las premisas. Por ejemplo:

> Len dice, "Estoy de acuerdo con Rich. Al fin y al cabo, es lituano también."

¿Significa el hecho de que Len y Rich comparten la misma nacionalidad que el argumento de Rich, sea el que sea, es válida? Por supuesto que no.

PRÁCTICA

Lea cuidadosamente los argumentos abajo. ¿Utilizan la falacia *ad hominem*?

1. Well, if that's what Harvey said, then it must be true.

2. Well, he's got twenty years of experience dealing with consumer complaints, so I think we should trust his advice.

3. He's good, but he's just not right for the job. After all, he's a Jets fan!

4. Manager A to Manager B: "I know we need to address the problem. But Caryn doesn't know what she's talking about. She's just a secretary."

Respuestas

1. **Sí.**

2. **No.** Su experiencia lo hace creíble y ésa es una buena razón por la que confiar en sus consejos.

3. **Sí.**

4. **Sí.** El simple hecho de que sea secretaria y no gerente no quiere decir que no tenga una buena perspectiva sobre el problema. De hecho, como Caryn está "in the trenches", probablemente sean muy valiosas sus ideas para los gerentes.

LA DISTRACCIÓN DE LA ATENCIÓN DEL PROBLEMA REAL

La distracción de la atención del problema real explica su equivalente en inglés, *red herring*, el cual es un nombre muy extraño para una falacia, ¿no? Pero el nombre tiene sentido. Este pescado curado *red herring* se utilizaba en el pasado para distraer a los perros del rastro del animal que seguían. Y eso es exactamente lo que hace un *red herring* en un argumento: lo saca de la lógica de un argumento al introducir un tema no relacionado para distraer su atención al problema real. Aquí tiene un ejemplo:

> Capital punishment is morally wrong, and that's exactly what's wrong with this country. A country can't claim to be a democracy when it can't even keep its people out of jail.

Primero, divida el argumento en sus partes. ¿Cuál es la conclusión?

Conclusión: Capital punishment is morally wrong.

Ahora, ¿cuáles son las premisas?

Premisas:
1. That's what's wrong with this country.
2. A country can't claim to be a democracy when it can't even keep its people out of jail.

LearningExpress Skill Builders • LESSON 13   95

¿Tienen algo que ver las premisas con la conclusión? De hecho, ¿tienen algo que ver la una con la otra? No. En vez de respaldar la conclusión, las premisas intentan distraerlo al introducir por lo menos tres temas diferentes:

1. What's wrong with the country.
2. What makes a democracy.
3. Why the country can't keep people out of jail.

Distracciones como éstas pueden ser tan eficaces que uno olvida buscar el respaldo de la conclusión presentada por el que argumenta. En vez de preguntarse por qué la pena de muerte es inmoral, puede estar preguntándose por lo que *hace* de un país una democracia o por qué no podemos mantener a la gente fuera de la cárcel. Esto es, si acepta la afirmación de que el país no puede mantener a la gente fuera de la cárcel.

Estas distracciones son muy comunes entre políticos y otros que quieren desviar la posible atención negativa de sí mismos y dirigirla hacia otros. Vea cómo funciona:

Senator Wolf: "No, I don't believe homosexuals should be allowed in the military. After all, Senator Fox supports it, and he's just trying to get the liberal vote."

Note cómo el Senador Wolf evita tener que explicar o defender su posición al desviar la atención de su afirmación al Senador Fox. En vez de respaldar su afirmación, deja al que escucha preguntándose si el Senador Fox sólo quiere ganarse más votos. Una vez más, la distracción saca el argumento de su lógica.

PRÁCTICA

Lea cuidadosamente los siguientes argumentos. ¿Ve alguna distracción? Subráyelas.

5. No, I do not believe that a murderer has the right to live, and here's why. The criminal justice system in this country has gotten completely out of control, with rapists, murders, you name it, all getting off scot-free. It's gotta change!

6. Capital punishment is wrong. We have a law that says it is wrong to kill. We can't have a double standard. If we insist that our citizens should not kill, then our government should not kill, either.

7. I'll tell you why our jails are overcrowded. It's because people like Congressman Jones don't want to raise taxes in their districts.

8. You should become a vegetarian. After all, do you know how many animals are on the verge of extinction?

Respuestas

5. No, I do not believe that a murderer has the right to live, and here's why. <u>The criminal justice system in this country has gotten completely out of control, with rapists, murders, you name it, all getting off scot-free. It's gotta change!</u>

6. Capital punishment is wrong. We have a law that says it is wrong to kill. We can't have a double standard. If we insist that our citizens should not kill, then our government should not kill, either. (Este argumento es lógico.)

7. I'll tell you why our jails are overcrowded. <u>It's because people like Congressman Jones don't want to raise taxes in their districts.</u>

8. You should become a vegetarian. <u>After all, do you know how many animals are on the verge of extinction?</u> (Es verdad que los vegetarianos no

FALACIAS LÓGICAS III

comen carne, pero el tipo de carne que los carnívoros comen no es de animales que están al borde de la extinción. En vez de esta distracción, este argumento debería dar buenas razones por las que dejar de comer pollo, cerdo, res y otros tipos de carne comunes a la dieta humana.)

ARGUMENTO DE OPOSICIÓN DÉBIL O IMAGINARIO

¿Alguna vez ha peleado con un espantapájaros? Es bastante fácil ganar, ¿no?, cuando está peleando con un hombre hecho de paja. Al fin y al cabo, no es un hombre real, se deshace fácilmente y no puede defenderse. Usted está seguro y su adversario va a perder. Es probable que no lo sorprenda que existe una falacia lógica que utiliza este principio: forma un adversario débil para que sea fácil desbaratarlo.

Específicamente, la falacia del **argumento de oposición débil** toma la posición del adversario y la distorsiona. Esa posición puede ser simplificada demasiado, exagerada o mal representada de otra forma. Por ejemplo, si alguien estuviera argumentando en contra de la reforma impositiva, podría distorsionar la postura del reformador al decir:

"The people who support tax reform are only out to get a break in their own capital gains taxes."

Aun si recibir una reducción de impuestos es una de las razones por la cual la gente apoya la reforma impositiva, no puede ser la única. Al fin y al cabo, la reforma impositiva es un asunto bastante complicado. Es más, el que argumenta, usando la táctica del argumento de oposición débil, presenta a los reformadores como egoístas y codiciosos, como si estuvieran involucrados sólo por interés propio, lo cual facilita que los que escuchan no quieran respaldar su posición.

De modo similar, si alguien argumentara *a favor* de la reforma impositiva, podría formular un argumento de oposición débil como el siguiente:

"The folks who oppose tax reform simply don't want to go to the trouble of restructuring the IRS."

Es posible que reestructurar el IRS sea una de las preocupaciones de sus adversarios, ¿pero es su preocupación principal? ¿Es la razón verdadera por la que no lo apoyan? Es probable que su oposición parte de un número de asuntos, de los cuales la reforma del IRS es sólo uno. De nuevo, el argumento de oposición débil ha representado mal y simplificado demasiado, haciendo que el adversario fuera fácil de desbaratar. En ambos casos, las razones para el apoyo o la oposición son difíciles de aceptar. Un argumento afirma que los que apoyan son egoístas y el otro afirma que los adversarios están protegiendo la burocracia del IRS, y ninguna de las dos es una posición admirable.

Los argumentos de oposición débil se usan muy frecuentemente en argumentos porque muchas veces la gente no se toma el tiempo de considerar todos los aspectos de un problema o porque no tienen el valor o los argumentos en contra para poder dirigirse al problema completo. Por ejemplo, imagine que alguien diga:

"Those feminists! They're out to turn all women against men."

Por supuesto, ésta es una "definición" extremadamente mal representada del feminismo. De hecho, es difícil resumir lo que creen las feministas, o cualquier grupo, en una oración. Pero si presenta a las feministas de esta manera, se hace muy fácil evitar encontrar argumentos eficaces en contra y muy difícil decir que el feminismo es algo bueno.

El problema es ¿cómo saber si se le presenta un argumento de oposición débil? ¿Qué pasa si nunca ha estudiado el feminismo o no sabe mucho sobre el movimiento femenino? ¿Qué ocurre si no ha prestado mucha atención a las noticias sobre la reforma impositiva? En breve, ¿cómo saber si un adversario ha sido mal representado?

Lo mejor que puede hacer es informarse y educarse lo máximo posible. Puede lograr esto al leer y escuchar todo lo posible. Mire las noticias, lea el periódico, escuche la radio, lea revistas, preste atención a temas como la política y asuntos sociales. Cuánto más informado esté, mejor podrá darse cuenta de si uno está intentando engañarlo con un argumento de oposición débil.

PRÁCTICA

¿Utiliza alguno de los siguientes argumentos un argumento de oposición débil?

9. All the union members want is to put us middle managers out of work.

10. The Democrats seem to think that it's okay to cut foreign aid and let millions of people in third world countries starve.

11. LeeAnne feels that it's unwise for managers to have their own lounge because it reduces interaction with other employees and limits opportunities for spontaneous learning.

Respuestas

9. Sí. Los administradores medios representan mal la posición de los miembros del sindicato.

10. Sí. Los administradores medios representan mal la posición de los miembros del sindicato.

11. No. Este argumento tiene mucho sentido, la posición de LeeAnne es específica y clara.

Resumen

Ahora está armado con tres falacias más que buscar: *ad hominem*, la **distracción de la atención al problema real** y un **argumento de oposición débil o imaginario**. En *ad hominem*, el que argumenta ataca a la *persona* en vez de la afirmación. Una distracción de la atención al problema real introduce un asunto irrelevante para desviar el argumento. Un argumento de oposición débil o imaginario presenta una imagen distorsionada del adversario para que sea fácil de desbaratar. Esté atento a éstas y otras falacias que ha aprendido a reconocer para poder verificar la validez de argumentos.

El desarrollo de capacidades entre lección y lección

- Una manera de reconocer estas falacias es asegurarse de que uno mismo pueda cometerlas. De esta manera, como hizo en las dos lecciones anteriores, piense en varias razones buenas y lógicas para respaldar un argumento. Luego, piense en ejemplos de cada una de las falacias lógicas que ha aprendido en esta lección.
- Escuche un programa de conversación en la radio que acepta llamadas de los radioescuchas o mire un debate en la televisión, preferiblemente uno en el que se permite que los miembros del público participen. Preste atención a las falacias lógicas que ha aprendido a reconocer. Es probable que encuentre a muchas personas intentando respaldarse en una lógica falsa.

L·E·C·C·I·Ó·N 14
EXPLICACIONES

RESUMEN DE LA LECCIÓN

En esta lección, aprenderá cómo son diferentes las explicaciones de los argumentos. También aprenderá los criterios para determinar si una explicación dada es buena o no.

Llega una hora y media tarde al trabajo. Apenas entra por la puerta, su jefe lo llama a su oficina. "¿Dónde ha estado?", le pregunta. "Le exijo una explicación."

Las **explicaciones** se relacionan estrechamente con los argumentos, pero no son exactamente lo mismo. Mientras un argumento generalmente intenta convencerlo de que cierta afirmación es verdad, una explicación intenta convencerlo de *por qué* una afirmación lo es. Por ejemplo, compare los siguientes ejemplos:

1. You should be more careful going down these stairs. They're steep and lots of people fall.
2. He fell down the stairs because they're very steep and he wasn't careful.

El primer ejemplo es un argumento. El escritor intenta convencerlo de tener más cuidado en las escaleras (conclusión) porque las escaleras están bien empinadas (premisa) y mucha gente se cae (premisa). El segundo ejemplo, por otro lado, es una explicación. Aquí el escritor le está diciendo *por qué* alguien se cayó por la escalera: porque está bien empinada y porque no tuvo mucho cuidado.

Por tanto, las explicaciones son diferentes de los argumentos. Pero, ¿qué tiene que ver esto con las capacidades de razonamiento y pensamiento crítico?

Pues, así como escuchará argumentos de todo tipo todos los días de su vida, escuchará todo tipo de explicación a diario. Y así como necesita evaluar cuidadosamente los argumentos antes de decidir si los acepta o no, debe evaluar las explicaciones cuidadosamente antes de decidir si son válidas o no.

En cuanto a explicaciones, existen cuatro criterios que debe buscar:

1. Relevancia
2. Posibilidad de ponerlas a prueba
3. Circularidad
4. Compatibilidad con conocimientos existentes

RELEVANCIA

Una de las primeras pruebas que se le debería aplicar a cualquier explicación es la de la **relevancia**. ¿Es claramente relevante la explicación dada a lo que se explica? Esto es, ¿existe una conexión clara y obvia entre lo que ocurrió y la explicación de ello?

Por ejemplo, usted podría decirle a su jefe, "I'm late because the electricity went off during the night and my alarm never went off". ¿Es esto relevante? Definitivamente. Su capacidad de llegar a tiempo depende de su capacidad de despertarse a tiempo. Sin embargo, una explicación como la siguiente definitivamente *no* es relevante:

"I'm late because Macy's is having a sale this weekend."

La oferta de Macy's, mientras que pueda ser importante para usted, no tiene ningún efecto en su capacidad de llegar a tiempo al trabajo. Esto es obvio, por supuesto, pero no impide que las personas den explicaciones irrelevantes.

PRÁCTICA

1. Provide another relevant and another irrelevant reason for being late to work.

   Relevant:

   Irrelevant:

Respuestas

Las repuestas varían. Usted puede haber escrito algo como lo siguiente:

Relevant: My car broke down and I had to wait an hour for the tow truck.
Irrelevant: I need a new car radio.

Una cosa importante a tener en cuenta sobre las explicaciones es que una explicación puede pasar la prueba de relevancia y todavía no ser *buena*. Por ejemplo, "I'm late because last night I was at a SuperBowl party" no es una *buena* explicación, pero sí es *relevante*. Como estuvo afuera hasta tarde, no se levantó a tiempo para ir a trabajar.

PRÁCTICA

Lea cuidadosamente las siguientes explicaciones. ¿Son relevantes (R) o irrelevantes (I)?

____ 2. I failed the class because it's at 8:00 on Monday mornings.

EXPLICACIONES

____ **3.** I failed the class because I missed the final exam.

____ **4.** I failed the class because there's never any parking near campus.

Respuestas

2. R. Tal vez no sea ésta una muy buena razón, pero el hecho de que la clase haya sido a una hora tan temprana podría afectar las notas de algunas personas, a menos que él o ella fuera madrugador/a, en cuyo caso esto sería irrelevante.

3. R. Faltar al examen final definitivamente tiene relación con aprobar una clase.

4. I. El estado del estacionamiento no debe tener relación con el desempeño del estudiante en la clase, a pesar del modo en que llegue a clase.

POSIBILIDAD DE PONERLAS A PRUEBA

A lo mejor usted no es científico, pero seguro que ha hecho algún experimento en su vida. Puede haber comprado diferentes marcas de detergente, por ejemplo, para ver cuál de ellas funcionaba mejor para usted. Este tipo de experimentación le posibilita explicar por qué usa determinada marca: "Utilizo Rinse-All porque no irrita mi piel sensible", por ejemplo. Se puede poner a prueba esta explicación. Por lo tanto, pasa la siguiente prueba de validez para explicaciones: **la posibilidad de ponerlas a prueba**.

La posibilidad de ponerlas a prueba es tan importante como la relevancia en cuanto a evaluar explicaciones. Si alguien ofrece una explicación que es imposible de poner a prueba, entonces uno debe dudar mucho de ella. Una **explicación imposible de comprobar** es una que no ofrece la posibilidad de verificarla a través de la experimentación. Y es precisamente por eso que uno debe estar en guardia.

Por ejemplo, imagine que alguien le ofrezca la siguiente explicación:

Global warming is caused by invisible, weightless particles being hurled at us from an invisible universe.

¿Existe la manera de probar esta explicación? Si las partículas no pueden ser vistas ni pesadas, y si el universo del que vienen es invisible, entonces nadie puede probar que esto sea la causa o no. No se puede verificar ni refutar. La teoría es inestable (y absurda, pero ésa es otra historia).

Aquí tiene otro ejemplo:

We met because we were meant to meet.

¿Existe la manera de probar esta explicación? No. No existe la prueba para el destino, al fin y al cabo. Aunque sea romántico, ésta es una explicación inestable, y por lo tanto inválida.

PRÁCTICA

Lea cuidadosamente las siguientes explicaciones. ¿Son posibles (T de "testable") o imposibles (U de "untestable") de probar?

____ **5.** He passed away because his time had come.

____ **6.** His death was caused by a severe stroke.

REASONING SKILLS SUCCESS CON INSTRUCCIONES EN ESPAÑOL

____ **7.** You were unharmed because the assailant's gun jammed.

____ **8.** You were saved by a guardian angel.

Respuestas

5. U. No existe el modo de verificar si "time has come" para uno, tampoco de si las personas *tienen* una hora.

6. T. Se podrían examinar registros médicos o un informe de pesquisidor para ver si expertos determinaron que ésta era la causa.

7. T. Alguien podría ir a ver si el arma todavía estaba trabada o testigos oculares podrían testificar que el asaltante había intentado disparar pero no había podido.

8. U. A menos que alguien haya visto este ángel de la guarda, lo cual parece poco probable, no hay ninguna manera de verificar esta aserción.

Circularidad

En la lección 12, "Falacias lógicas II", aprendió sobre el razonamiento circular: argumentos que vuelven sobre sus pasos porque la conclusión y la premisa dicen esencialmente lo mismo. Las explicaciones pueden ser circulares también. Podría decirle a su jefe, por ejemplo:

I'm late because I didn't get here on time.

Ésta es una **explicación circular**. *"I'm late"* y *"I didn't get here on time"* dicen, en esencia, lo mismo. La "explicación" simplemente vuelve a articular la situación en lugar de explicarla, y eso no contribuye a una explicación válida.

Aquí tiene otro ejemplo:

The inflation was caused by an increase in prices.

Note que *"inflation"* e *"increase in prices"* son esencialmente lo mismo. Otra vez, ésta es una explicación circular. No ofrece ninguna idea de cómo o por qué ocurrió la situación.

PRÁCTICA

Lea cuidadosamente las explicaciones que se encuentran abajo. Identifique las explicaciones que pasan (P) la prueba de ser lógicas y las que fracasan (F) porque son circulares.

____ **9.** He has insomnia because he has trouble sleeping.

____ **10.** She's a genius because she's gifted.

____ **11.** They work well together because they share the same goals.

____ **12.** He keeps the birds in separate cages because he doesn't want to keep them together.

____ **13.** He got sick because he didn't dress warmly enough.

Respuestas

9. F. *"Insomnia"* y *"has trouble sleeping"* son dos maneras de decir lo mismo.

10. F. Otra vez, ser un genio y ser dotado son prácticamente lo mismo, así que en realidad no se da una explicación aquí.

EXPLICACIONES

11. P. Esta explicación da una razón por la que trabajan bien juntos.

12. F. Una buena explicación diría *por qué* los pájaros no se pueden enjaular juntos.

13. P. Tal vez no sea una buena explicación, pero sí da una razón por la que se enfermó.

Más práctica

Escriba dos explicaciones circulares originales en otra hoja de papel. Para ver si son realmente circulares, utilice esta prueba: ¿es la explicación (por lo general, la parte que sigue la palabra "porque") realmente igual a lo que supuestamente está explicando?

COMPATIBILIDAD CON CONOCIMIENTOS EXISTENTES

A su jefe no le gustó su explicación *"I'm late because I didn't get here on time"*, por lo que hace otro intento:

"I'm late because my teleportation machine is in the shop and I had to find another way to get here."

Es probable que aunque su jefe sea aficionado a "Star Trek", no encuentre muy graciosa su explicación. Y seguro que no la encontrará válida. ¿Por qué? Porque sabe que no existe tal cosa como una máquina de teleportación, por lo menos todavía no. Uno llega al trabajo en automóvil, autobús, tren o algún otro modo de transporte actualmente disponible, pero no por teleportación. Su explicación va en contra de lo que él sabe que es verdad, por lo que tiene todo el derecho de sospechar de su explicación.

Muchas veces los descubrimientos científicos y tecnológicos sorprenden a las personas e incluso rompen con teorías que siempre se habían considerado verdaderas. Recuerde que anteriormente la gente creía que el mundo era plano. De todos modos, en la vida cotidiana es buena idea dudar de explicaciones que van en contra de su experiencia pasada y su educación. Por ejemplo, si sabe que la fotocopiadora de la oficina se acaba de arreglar esta mañana y su asistente le dice que no terminó de hacer las copias que pidió porque la fotocopiadora está rota, tiene usted una buena razón para no creer que su explicación sea válida. De modo similar, si su vecino le dice que la gravedad en realidad es causada por un imán gigantesco en forma de U localizado en el centro de la tierra, usted debe tener muchas dudas porque su explicación no coincide con las teorías científicas aceptadas sobre la composición del interior de la tierra.

Algunas explicaciones, sin embargo, pueden sonar raras o sorprendentes sin necesariamente contradecir lo que sabe usted por experiencia y educación. En este caso, sería mejor no juzgar hasta que pueda verificar la explicación. Igual que las *verdades tentativas*, estas explicaciones podrían ser válidas, pero usted necesita saber más antes de aceptarlas como verdaderas.

Por ejemplo, imagine que usted es el jefe y un empleado le dice, "Llegué tarde porque hubo un accidente grave en la autopista". Ahora, usted sabe que este tipo de cosas ocurre y, según la credibilidad de ese empleado, podría:

- Aceptar la explicación como un hecho
- Aceptar esa explicación como una verdad tentativa
- Rechazar la explicación, especialmente si ese empleado tiene una tendencia a mentir

En un caso como éste, la credibilidad de la persona que ofrece la explicación es un factor clave, pero es importante notar que no es imposible poner esta explicación a prueba. Podría escuchar los informes de tráfico en la radio, hablar con otros empleados que toman esa autopista o buscar un informe de un accidente en el periódico para descubrir si el empleado dijo la verdad.

PRÁCTICA

Considere las siguientes explicaciones y sus fuentes. ¿Son aceptables? ¿Por qué?

14. Your long-time co-worker and friend: "I'm sorry I can't cover your shift tomorrow. I have a doctor's appointment and I can't reschedule again."

15. Your local garage mechanic: "Your car broke down because your transmission is shot. It's going to need a lot of work."

16. Neighbor: "I don't exercise because it's bad for your health. It wears your body down."

Respuestas

14. Si ha trabajado con esta persona por mucho tiempo y la considera una amiga, entonces esta explicación debe ser aceptable.

15. En parte, debe decidir cuan aceptable es esta explicación según cuánto sabe sobre los autos. Es muy costoso arreglar una transmisión arruinada. Si no sabe mucho de autos y no conoce bien a su mecánico, podría ser bueno buscar otra opinión.

16. Inaceptable. Todas las evidencias señalan el ejercicio como la clave para mejorar la salud y vivir una vida más larga.

RESUMEN

Las explicaciones, como los argumentos, necesitan cumplir con ciertos criterios antes de que uno se sienta cómodo para aceptarlas. Para ser válida, una explicación debe ser **relevante** (claramente relacionada con el acontecimiento o la cosa en cuestión) y **posible de poner a prueba** (de ser verificada de alguna forma). Las **explicaciones** circulares, las que vuelven sobre sus pasos como los argumentos circulares, deben ser rechazadas, y usted debe tener cuidado con aceptar explicaciones que contradicen su conocimiento o teorías aceptadas.

El desarrollo de capacidades entre lección y lección

- Preste atención a las explicaciones que lo rodean: en casa, en el trabajo, en la institución donde estudie y en la televisión. Note cómo muchas veces las personas ofrecen explicaciones que no cumplen con los criterios discutidos en esta lección.
- Nuevamente, las comedias de la televisión pueden ayudarlo a mejorar sus capacidades de razonamiento y pensamiento crítico. Muchas veces los personajes en las comedias se encuentran en situaciones en las que tienen que dar una explicación muy rápida y usualmente esas explicaciones son bastante malas. Esté atento a estas explicaciones y utilice los criterios que ha aprendido para evaluarlas. ¿Son relevantes? ¿Circulares? ¿Posibles de poner a prueba? ¿Simplemente absurdas? ¿Qué es lo que las hace graciosas?

L·E·C·C·I·Ó·N 15
EL RAZONAMIENTO INDUCTIVO

RESUMEN DE LA LECCIÓN

En esta lección, repasará la diferencia entre el razonamiento deductivo e inductivo. También mejorará sus capacidades de razonamiento inductivo al aprender cómo sacar conclusiones lógicas de evidencias.

La lección 7, "Trabajar con argumentos", trataba de las diferencias entre el razonamiento inductivo y deductivo. Como ya sabe, en el razonamiento deductivo, un argumento va de una conclusión a las evidencias (premisas) que respaldan tal conclusión. Los **argumentos inductivos**, por otro lado, van de las evidencias a una conclusión sacada de esas evidencias.

Como pensador crítico, cuando se topa con un argumento deductivo, debe examinar la validez de las evidencias para la conclusión. Si las evidencias son válidas, la conclusión es buena y por lo tanto el argumento entero lo es también. Sin embargo, en el razonamiento inductivo, el objetivo no es poner a prueba la validez de las evidencias, sino examinar la validez de la conclusión. Si se saca la conclusión lógicamente de las evidencias, entonces el argumento puede ser considerado bueno.

¿Pero cómo se sabe si la conclusión es lógica? En el razonamiento inductivo, el criterio principal es determinar la probabilidad de que las premisas lleven a una conclusión. La probabilidad puede ser evaluada basándose en:

1. El buen sentido común
2. Experiencias pasadas

Por supuesto, la lógica formal, que incluye los símbolos matemáticos, puede ayudar también, pero no se tratará en este libro.

Aquí tiene un ejemplo de un argumento inductivo breve:

Hubo un accidente grave en la autopista esta mañana que obstruyó el tráfico por varias horas. Muchas personas habrán llegado tarde al trabajo hoy.

Si la premisa, que hubo un accidente grave en las horas pico que obstruyó el tráfico por varias horas, es verdad, ¿es razonable concluir que muchas personas habrán llegado tarde? Pues, ¿es probable que un atasco grande durante las horas pico les haga llegar tarde a muchas personas? Basándose en el sentido común y experiencias pasadas, puede responder que sí con seguridad. ¿Es muy probable? Otra vez, puede responder que sí con seguridad. Por lo tanto, lo anterior es un buen argumento inductivo, una conclusión lógica que se saca de evidencias sólidas.

LA CIENCIA DEL RAZONAMIENTO INDUCTIVO

Todas las veces que alguien saca conclusiones de evidencias, se emplea el razonamiento inductivo. Los científicos lo utilizan constantemente. Por ejemplo, digamos que un científico toma dos plantas iguales de saludables del mismo tamaño y tipo y de los mismos años de vida. Pone a planta A en un cuarto con una radio que toca sólo música clásica. Pone a planta B en un cuarto con una radio que toca sólo rock and roll. Ambas plantas reciben la misma luz y agua. Después de seis semanas, la planta A ha crecido 6 pulgadas. Por otra parte, la planta B sólo ha crecido tres pulgadas, lo cual es la velocidad de crecimiento normal para este tipo de plantas. Se repite este experimento con los mismos resultados. Empleando sus capacidades de razonamiento inductivo, ¿cuál es la conclusión más lógica que puede sacar el científico?

a. En ambos casos, la planta B no debe haber sido tan saludable al comienzo como la planta A.
b. Las plantas crecen mejor al exponerse a la música clásica que al rock.
c. La música rock impide el crecimiento de las plantas.

Pues, el sentido común sugiere que **a** no es una opción, porque se afirma que ambas plantas son iguales de saludables al comienzo del experimento. Además, como se sabe que la planta B creció a la velocidad *normal*, tampoco **c** es una conclusión lógica. Pero incluso sin seguir este proceso de eliminación, el sentido común y los resultados de los dos experimentos apuntarían a la conclusión **b**, que las plantas crecen mejor al exponerse a la música clásica que al rock. (A propósito, ¡esto es cierto!)

Por supuesto, esta conclusión podría ser incluso más válida si el científico repitiera el experimento varias veces más y continuara teniendo los mismos resultados. Cuanto más conduzca el experimento y obtenga los mismos resultados, más fuerte será su argumento.

ELEMENTAL, MI QUERIDO WATSON

Los detectives, como los científicos, también emplean el razonamiento inductivo. En el extracto del cuento *"The Reigate Puzzle"*, por ejemplo, el famoso perso-

EL RAZONAMIENTO INDUCTIVO

naje ficticio Sherlock Holmes emplea el razonamiento inductivo para resolver un crimen difícil. Al examinar un fragmento de un documento roto, le es posible concluir que dos hombres diferentes lo escribieron y determinar cuál de los dos es el "cabecilla". Fíjese en cómo lo hace:

> "And now I made a very careful examination of the corner of paper which the Inspector had submitted to us. It was at once clear to me that it formed part of a very remarkable document. Here it is. Do you not now observe something very suggestive about it?" [said Holmes.]
>
> "It has a very irregular look," said the Colonel.
>
> "My dear sir," cried Holmes, "there cannot be the least doubt in the world that it has been written by two persons doing alternate words. When I draw your attention to the strong *t*'s of 'at' and 'to,' and ask you to compare them with the weak ones of 'quarter' and 'twelve,' you will instantly recognize the fact. A very brief analysis of these four words would enable you to say with the utmost confidence that the 'learn' and the 'maybe' are written in the stronger hand, and the 'what' in the weaker."
>
> "By Jove, it's as clear as day!" cried the Colonel. "Why on earth should two men write a letter in such a fashion?"
>
> "Obviously the business was a bad one, and one of the men who distrusted the other was determined that, whatever was done, each should have an equal hand in it. Now, of the two men, it is clear that the one who wrote the 'at' and 'to' was the ringleader."
>
> "How do you get at that?"

> "We might deduce it from the mere character of the one hand as compared with the other. But we have more assured reasons than that for supposing it. If you examine this scrap with attention you will come to the conclusion that the man with the stronger hand wrote all of his words first, leaving blanks for the other to fill up. These blanks were not always sufficient, and you can see that the second man had to squeeze to fit his 'quarter' in between the 'at' and the 'to,' showing that the latter were already written. The man who wrote all his words first is undoubtedly the man who planned the affair."

Fíjese cómo Holmes mira cuidadosamente el documento y utiliza lo que ve para formular inferencias lógicas (sacar conclusiones lógicas) sobre los dos hombres responsables del crimen. La diferencia en las t indica dos escritores diferentes y los espacios irregulares entre las palabras indican quién escribió primero, por lo tanto llevando a Holmes a concluir que el que escribió primero era el hombre *"who planned the affair"*.

PRÁCTICA

Ahora le toca a usted ser el detective y utilizar sus capacidades de razonamiento para formular inferencias lógicas. Considere cuidadosamente la información provista (las premisas) y piense en cuál sería la conclusión más lógica que sacar de esas evidencias.

1. Scott always wears his polka-dot tie when he has a job interview—he says it brings him good luck. He's wearing his polka-dot tie today. You can therefore logically conclude
   a. Scott feels that he needs good luck today
   b. Scott has an interview today
   c. Scott wants to look sharp today

REASONING SKILLS SUCCESS CON INSTRUCCIONES EN ESPAÑOL

2. Every April, you seem to catch a cold that lasts about three weeks. Your symptoms are always worse when you're outside, even if it's warm. You might conclude
   a. you should take extra vitamins in the spring
   b. you should dress extra warm, even if it's not cold
   c. you have a seasonal allergy

3. Mary, Shelly, and Pam have been friends for years and always do things together. When Mary got a permanent, so did Shelly and Pam. When Shelly pierced her nose, so did Mary and Pam. Pam just got a tattoo. Therefore
   a. Mary and Shelly were with Pam when she got her tattoo.
   b. Mary and Shelly talked Pam into being the first one this time.
   c. Mary and Shelly will get a tattoo also.
   d. Mary and Shelly will get the same tattoo as Pam.

4. If there was only *one* example of Mary, Shelly, and Pam doing the same thing, would you draw the same conclusion? Why or why not?

5. You walk into your office and notice that your desk drawer, which you always close carefully before you leave at the end of the day, is slightly ajar. Which of the following is the most logical conclusion?
   a. The building is beginning to lean and gravity pulled the drawer open.
   b. Someone was looking through your desk.
   c. Maybe you forgot to close the drawer last night.
   d. The drawer is broken and needs to be fixed.

Respuestas

1. Sería lógico concluir que es **b**, que Scott tiene una entrevista hoy porque él *"always"* lleva su corbata de lunares a las entrevistas. También sería lógico (y tal vez un poco más seguro) concluir que es **a**, que Scott siente que necesita buena suerte, sea para una entrevista, una reunión importante o incluso una cita.

2. La conclusión más lógica es **c**, que tiene una alergia temporal. Si esto ocurre todos los años, en aproximadamente el mismo momento, su *"cold"* claramente está relacionado con los cambios de ambiente. Además, le dice la experiencia que abril es un momento en que muchas plantas comienzan a florecer, soltando polen al aire. Podría no hacerle daño tomar vitaminas extra, pero lo más probable es que esté sufriendo de fiebre de primavera.

3. Basándose en el hecho de que ya haya ocurrido dos veces en circunstancias similares, debe concluir lógicamente que es **c**, que Mary y Shelly van a hacerse un tatuaje también. No existen evidencias de que las tres estén juntas cuando una hace una cosa dada, por lo que **a** no es la conclusión más lógica. Tampoco existen evidencias de que fuera alguna convencida por alguien, por lo que **b** está fuera de cuestión. La opción **d** es una posibilidad, pero no existen evidencias de que las tres tuvieron el mismo tipo de permanente ni el mismo tipo de agujeros en la nariz, por lo que no es la más segura.

INDUCTIVE REASONING

4. Si sólo tuviéramos un ejemplo de que Mary, Shelly y Pam hicieran la misma cosa, no sería lógico llegar a la misma conclusión. Aunque sea una diferencia de una sola instancia, si ocurriera dos veces, y las dos veces otra mujer "comenzó" la tendencia con sus amigas, sería lógico concluir que la norma se completaría con que Pam obtuviera un tatuaje y que las otras la siguieran. Pero con un solo ejemplo, no tenemos suficientes evidencias para concluir que esto fuera probable.

5. 5. A menos que su oficina esté en la Torre de Pisa, y si claramente recuerda cerrar su cajón la noche anterior, la conclusión más lógica es **b**. Si el cajón estuviera roto, opción **d**, lo hubiera sabido.

Resumen

El **razonamiento inductivo** es el proceso de sacar conclusiones de evidencias. Un buen argumento inductivo es uno en el que es muy probable que las premisas lleven a la conclusión. Experiencias pasadas y el buen sentido común pueden ser empleados para medir la probabilidad.

El desarrollo de capacidades entre lección y lección

- Note la frecuencia con la que emplea el razonamiento inductivo durante el día. En casa, en el trabajo o donde estudie, mientras viaje de un lugar a otro, ¿cuáles son las conclusiones que saca de lo que ve en torno suyo?
- Lea una historia policíaca o mire un programa de detectives como *Homicide, NYPD Blue*, o *Law & Order*. Preste atención especial a cómo los detectives utilizan evidencias para sacar conclusiones sobre los crímenes.

L·E·C·C·I·Ó·N 16
SACAR CONCLUSIONES PRECIPITADAMENTE

RESUMEN DE LA LECCIÓN

Así como existen falacias lógicas a las que estar atento en el razonamiento deductivo, también hay varias en cuanto al razonamiento inductivo. Esta lección le mostrará cómo reconocer y evitar estas falacias.

Imagine que un compañero de trabajo, Dennis, se topa con usted durante un descanso. Le dice a usted, "Sabes, probé el café en el nuevo deli esta mañana y era horrible. Qué pena, el nuevo *deli* es malo."

Error. Dennis acaba de sacar una conclusión precipitadamente.

El razonamiento inductivo, como sabe, trata de sacar conclusiones de evidencias. Pero a veces las personas sacan conclusiones que no son del todo lógicas. Esto es, las conclusiones se sacan precipitadamente o están basadas en el tipo incorrecto de evidencias. Esta lección le presentará tres falacias lógicas que llevan a conclusiones ilógicas en el razonamiento inductivo: *generalizaciones precipitadas o parciales y los* non sequitur.

GENERALIZACIONES PRECIPITADAS

Una **generalización precipitada** es una conclusión basada en evidencias insuficientes. La conclusión de Dennis sobre el nuevo *deli* es un ejemplo perfecto. Sólo había ido al nuevo *deli* una vez, y sólo había probado una cosa. ¿Le ha dado al *deli* una oportunidad justa? No. Primero, sólo probó el café e hizo esto una sola vez. Necesita tomar el café algunas veces más antes de poder determinar de modo justo si el café es malo o bueno. Segundo, necesita probar otras cosas antes de juzgar el establecimiento entero. Sólo después de haber coleccionado estas "evidencias" tendrá suficientes premisas para llegar a una conclusión lógica.

Aquí tiene otro ejemplo de una generalización precipitada. Digamos que lo presentan a una mujer llamada Ellen en el trabajo, y ella apenas lo saluda. Usted decide que ella es fría y arrogante. ¿Es justa su conclusión? Tal vez Ellen estaba preocupada, o enferma, o iba a una reunión muy importante. ¿Quién sabe? El punto es, sólo la vio una vez y sacó una conclusión sobre ella basada en evidencias insuficientes.

Unas semanas más tarde, la ve a Ellen de nuevo. Esta vez, es amigable. Ella recuerda haberlo conocido y tienen una conversación agradable. De repente tiene que revisar su conclusión sobre ella, ¿no? Ahora piensa que es simpática. Pero la *próxima* vez que la ve, ni siquiera lo saluda. ¿Qué ocurre aquí? Usted sigue sacando conclusiones precipitadamente sobre Ellen. Pero usted realmente necesita tener un número suficiente de encuentros con ella antes de poder sacar alguna conclusión.

Las generalizaciones precipitadas tienen mucho en común con los estereotipos. En el caso de los estereotipos, las conclusiones sobre un grupo entero se sacan basándose en un segmento muy pequeño de ese grupo. Del mismo modo, las generalizaciones precipitadas sacan conclusiones sobre algo basándose en un ejemplo demasiado reducido: un café, dos o tres encuentros con Ellen.

Aquí tiene algunas otras generalizaciones precipitadas:

Brandon es atleta y es un mal estudiante. Todos los atletas son malos estudiantes.

Suzie es rubia y se divierte mucho. Por lo tanto, supongo que es verdad que las rubias se divierten más.

Usted tendría que ver muchos ejemplos más de atletas y rubias antes de que se pudiera justificar cualquiera de estas dos conclusiones.

PRÁCTICA

¿Son algunas de las siguientes afirmaciones generalizaciones precipitadas?

1. The new quarterback threw two interceptions and only completed two passes in the first game. Looks like we're in for a losing season.

2. The last five times I saw Edna, she was with Vincent. They must be going out.

3. That's twice now I've had to wait for the bus because it was late. I guess buses are never on time around here.

Respuestas

1. Sí, ésta es una generalización precipitada. Es sólo el primer partido y el quarterback es nuevo. ¡Déle una oportunidad de calentarse!

2. Como los has visto juntos cinco veces, hay una buena probabilidad de que Edna y Vincent estén involucrados en algún tipo de relación, así que ésta no es una generalización precipitada.

3. Ésta es una generalización precipitada. Podría ser que haya tenido mala suerte las dos veces que

SACAR CONCLUSIONES PRECIPITADAMENTE

quiso tomar el autobús. Necesita tratar el bus algunas veces más antes de concluir con seguridad que los buses siempre llegan tarde.

GENERALIZACIONES PARCIALES

En una reciente encuesta de opiniones que vio en un programa de la televisión, un colosal 85% de las personas consultadas dijeron que se oponían al control de armas. Si la mayoría de los estadounidenses piensan de este modo (¡85%!), usted piensa, tal vez debería reconsiderar su posición sobre el tema. ¿No es cierto?

Desafortunadamente, lo que no se le ha dicho es que las únicas personas consultadas fueron los miembros de la *National Rifle Association*.

El problema con este tipo de encuesta (y hablaremos más de ellas en la lección 18, "Números y estadísticas") es que el grupo de gente consultado era *parcial*. Al fin y al cabo, la *NRA* es una organización que lucha para mantener el derecho de portar armas. Por lo tanto, la conclusión, que la mayoría de los estadounidenses se oponen al control de armas, es parcial también. Está basada en una encuesta de consultores parciales y no puede ser representativa de todos los estadounidenses.

Las generalizaciones parciales pueden hacerse sin encuestas, por supuesto. Cualquier conclusión basada en el testimonio de alguien parcial es una **generalización parcial**. Por ejemplo, imagine que le ha dicho a un amigo que va a tomar una clase en el otoño con la Profesora Jenkins.

"¡¿La Profesora Jenkins?!" su amigo responde. "Ella es horrible. Saqué una F en su clase."

¿Debe cambiar su idea de tomar la clase debido a la reacción de su amigo? Probablemente no. Sus capacidades de razonamiento deben decirle que la conclusión de su amigo sobre Jenkins podría ser parcial. Si sacó una F en su clase, no es probable que tenga una buena opinión de ella.

Miremos otro ejemplo. Lea el siguiente argumento inductivo cuidadosamente:

Todos mis amigos dicen que las *fraternities* o asociaciones estudiantiles masculinas son una pérdida de tiempo, por lo que supongo que no debería tratar de hacerse socio de una si no quiere perder su tiempo.

¿Cómo podría ser ésta una generalización parcial? Escriba su respuesta abajo.

Si esta conclusión se basa en evidencias de fuentes parciales, entonces la generalización (la conclusión) es parcial también. Por ejemplo, si esos amigos que dicen que las *fraternities* son una pérdida de tiempo también habían querido ingresar a una, pero no habían sido invitados a hacerlo, entonces es probable que tengan una opinión negativa (parcial) de ellas. Por lo tanto, su conclusión sería parcial.

Por otra parte, ¿cómo podría ser éste un argumento inductivo *confiable*? Escriba su respuesta abajo.

Si todos los amigos fueran miembros de una *fraternity*, entonces esta conclusión sería mucho más confiable. Si todos los amigos fueran miembros de diferentes *fraternities* y no de la misma, lo sería aun más, porque su conclusión representaría una variedad más amplia de experiencias.

Para evitar ser parcial, entonces, las conclusiones deben ser sacadas únicamente de un ejemplo que es verdaderamente representativo del tema en cuestión. Un argumento inductivo sobre el compromiso estudiantil en la ciudad universitaria, por ejemplo, debe basarse en evidencias de todo tipo de estudiante, no sólo en el Comité de asuntos estudiantiles.

PRÁCTICA

¿Son algunas de las siguientes afirmaciones generalizaciones parciales?

4. Woman at a divorcee support group meeting: "Men are simply incapable of keeping their promises."

5. Eagles fan: "That referee is biased. All his calls are against the Eagles."

6. Student struggling in a class: "I asked everyone in the class. They all say the professor is too hard to understand. We're all going to have to work very hard to do well."

Respuestas

4. Sí, la conclusión de esta mujer probablemente sea parcial. Si ella está en una reunión de un grupo de apoyo a divorciados, es probable que haya pasado por un divorcio difícil y tenga fuertes sentimientos negativos acerca de su exmarido.

5. Probablemente también sea parcial esta conclusión. Como este aficionado favorece a los *Eagles*, puede ver la decisión del árbitro como injusta, especialmente si los *Eagles* están perdiendo.

6. Aunque esta estudiante tiene problemas, si le ha preguntado a toda la clase y todos tienen dificultades para entender al profesor, su conclusión probablemente sea justa.

NON SEQUITUR

Un **non sequitur** es una conclusión que no sigue sus premisas lógicamente. El problema con esta falacia es que se saltan demasiadas cosas entre las premisas y la conclusión. Aquí tiene un ejemplo:

Johnson es un buen hombre de familia. Por lo tanto, será un buen político.

Está muy bien que Johnson sea un buen hombre de familia, pero su devoción a su familia no significa necesariamente que será un buen político. Note que este argumento *asume* que las características de "un buen hombre de familia" también son las de un buen político, y esto no es necesaria, ni probablemente, el caso. Muchos buenos hombres de familia son horribles políticos, y muchos buenos políticos no están particularmente dedicados a sus familias. El argumento salta mucho y desafía la lógica. Ciertamente es posible que Johnson sea un buen político, pero al juzgar únicamente por las premisas, no es *probable*.

SACAR CONCLUSIONES PRECIPITADAMENTE

Aquí tiene otro ejemplo de un *non sequitur*:

Josie es zurda, por lo que sería buena artista.

Este *non sequitur* implica que los zurdos son más propensos al arte que las personas que usan la mano derecha. Esto puede ser verdad en algunos casos, pero no en todos. Además, a pesar de que ella sea propensa al arte, ser un buen artista requiere inspiración y dedicación, y no tenemos evidencias de que Josie posea ninguna de estas cualidades. Por lo tanto, no podemos concluir lógicamente que Josie será una buena artista. Es posible, pero no *probable*.

Aquí tiene uno más:

A usted le gustan los gatos. A Cathy también, así que se llevarán bien.

¿Qué tiene de malo este argumento? Aquí, el que argumenta asume que simplemente porque a los dos les gustan los gatos, se llevarán bien. Pero el simple hecho de que a los dos les gusten los gatos no quiere decir que se caerán bien. Es otro *non sequitur*.

Algunos *non sequitur* revierten el orden de la premisa y la conclusión. Fíjese en el siguiente argumento, por ejemplo:

Las personas que tienen éxito siempre tienen objetivos muy claros. Sandra tiene objetivos claros, así que tendrá éxito.

Aquí tiene el argumento dividido en sus partes:

Premisa 1: Las personas que tienen éxito siempre tienen objetivos muy claros.
Premisa 2: Sandra tiene objetivos claros.
Conclusión: Sandra tendrá éxito.

Aunque a primera vista el ejemplo pueda parecerle lógico, en realidad, no tiene sentido lógico. Esto es porque la Premisa 2 y la conclusión *revierten* la afirmación de la Premisa 1. Cuando se revierten partes de una afirmación, el argumento no se mantiene igual. Es como decir que los genios muchas veces tienen problemas en la escuela y por lo tanto el que tenga problemas en la escuela va a ser un genio. Esto simplemente no es lógico.

En el caso de Sandra, sus capacidades de razonamiento y pensamiento crítico deben también decirle que simplemente porque ella fija objetivos claros para sí misma no quiere decir que los vaya a lograr. El trabajo duro y la dedicación también son factores en la fórmula para el éxito. Además, la definición del *éxito* es algo que cada uno determina para sí mismo.

PRÁCTICA

¿Existen algunos *non sequitur* en los argumentos siguientes?

7. Paula got straight A's in her science classes. She'll make a great doctor.

8. That car is a stick shift. Most stick shift cars get better gas mileage than automatics. You'll probably get better gas mileage if you get a stick.

9. Rasheed is a good accountant and he didn't even like math in school. You don't like math, so you'd make a good accountant, too.

Respuestas

7. Sí, éste es un *non sequitur*.

8. No hay ningún *non sequitur* aquí.

9. *Non sequitur*.

PRÁCTICA

¿Qué asumen los dos non sequitur anteriores?

Respuestas

El argumento número 7 asume que las personas que son buenos estudiantes de ciencia también son buenos médicos. Pero ser un buen médico también requiere más que sacar buenas notas. También involucra años de entrenamiento, la capacidad de manejar crisis, tratar con los pacientes y mucho más.

En el argumento número 9, la segunda premisa y conclusión revierten la primera premisa. Simplemente porque no le gustan las matemáticas, no significa que será un buen contador. Lo que le pasó a Rasheed no necesariamente le pasará a usted.

RESUMEN

En cuanto a los argumentos inductivos, usted necesita estar atento a tres tipos de falacias lógicas. Las **generalizaciones precipitadas** sacan conclusiones de evidencias insuficientes. Las **generalizaciones parciales**, por otra parte, sacan conclusiones de evidencias *parciales*. Por último, los **non sequitur** sacan conclusiones precipitadamente que desafían la lógica. Asumen cosas que no son lógicas.

El desarrollo de capacidades entre lección y lección

- La próxima vez que conozca a alguien por primera vez, esté atento a cómo formula una opinión de esa persona. ¿Saca conclusiones precipitadamente, o espera hasta que haya juntado más evidencias para decidir si serían un bueno amigo o colega o no?
- Enseñe a un amigo lo que ha aprendido en esta lección. Déle a su amigo algunos de sus propios ejemplos de las tres falacias.

L·E·C·C·I·Ó·N 17
MÁS DEL RAZONAMIENTO INDUCTIVO

RESUMEN DE LA LECCIÓN

Esta lección tratará del modo de emplear el razonamiento inductivo para determinar causas. También describirá algunos de los errores de razonamiento comunes que cometen las personas a la hora de determinar la causa y el efecto.

En la lección 14, "Explicaciones", usted aprendió cómo las explicaciones son diferentes de los argumentos. Esta lección tratará de un tipo específico de argumento: el **argumento causal**. La diferencia principal entre una explicación y un argumento causal está simplemente en la manera en la que se organiza el argumento. En una explicación, como en el razonamiento deductivo, uno considera la conclusión ("Llegué tarde") y luego pone a prueba la validez de las premisas ("porque se me rompió el auto"). Un argumento causal, por otra parte, se organiza de modo inductivo: se consideran las evidencias (lo que ocurrió), se saca una conclusión sobre la causa basándose en esas evidencias, y luego se evalúa la validez de esa conclusión.

Tal como existen criterios para probar explicaciones, también hay estrategias para evaluar causas. De modo similar, así como las explicaciones pueden usar un razonamiento falso, también se pueden cometer falacias lógicas en los argumentos causales. Este capítulo comenzará con las dos estrategias principales para determinar la causa y las falacias que muchas veces las acompañan.

Determinar la causa

Cuando está ante un efecto y desea determinar inductivamente la causa, existen generalmente dos técnicas para lograr esto: buscar lo que difiere de la norma o lo que no cambia.

Buscar la diferencia

El miércoles su auto no andaba bien. Normalmente usted utiliza la gasolina Ultra-Plus de la gasolinera de al lado, pero el martes, le faltaban gasolina y efectivo, por lo que fue a una cerca de la oficina y puso medio tanque de la marca más barata. El jueves, fue a la gasolinera de siempre y llenó el tanque con su marca preferida. Ya el viernes, el auto andaba bien de nuevo. Usted no hizo nada más a su auto y nada más estaba fuera de lo normal.

Entonces, ¿qué fue lo que causó el problema?

Si le parece que es la gasolina barata, probablemente tenga razón. Aunque hay muchas cosas que le pueden pasar a un auto, y sólo una buena inspección podría decirlo con certeza, las evidencias dadas indican que la gasolina barata fue la causa. ¿Por qué? Porque la gasolina barata es la **diferencia principal**. Volvamos a los hechos: Su auto andaba bien con la gasolina que usa generalmente. Cuando cambió de marca y calidad, su auto ya no andaba bien. Cuando volvió a usar la gasolina de siempre, andaba bien de nuevo. ¿La diferencia? La gasolina. Por lo tanto, es lógico concluir que la gasolina hizo que su auto anduviera peor.

Aunque en este ejemplo es obvio que la gasolina era la diferencia principal, no es siempre tan fácil determinar las causas. Fíjese en el argumento siguiente, por ejemplo:

Every day for the past three months, you've been getting coffee from Lou's Deli, right around the corner from your office. One day, however, Lou's is closed, so you decide to try Moe's Deli across the street. You get your coffee and go to work. An hour later, you have a terrible stomach ache. The next day, Lou's is open again and you get your usual coffee. You feel fine the rest of the day. "It must've been Moe's coffee that gave me that stomach ache yesterday," you conclude.

Ésta parecería una conclusión lógica, basada en las evidencias. Al fin y al cabo, ¿cuál es la diferencia entre hoy y ayer? El café de Moe's fue la diferencia, así que ésa es la causa, ¿no?

No necesariamente. Es muy posible que el café de Moe's realmente causara su dolor de estómago. Sin embargo, esta conclusión no puede ser aceptada sin reserva, o sea, no puede decir que es probable que el café de Moe's tenga la culpa, hasta que se haga una pregunta clave:

Were there any other relevant differences that may have caused the stomach ache?

En otras palabras, necesita considerar si pudiera haber habido algo más que causara su dolor de estómago. Por ejemplo, tal vez muy tarde la noche anterior haya comido comida china muy picante. O tal vez haya estado muy nervioso por una reunión importante ese día. O tal vez no haya desayunado y haya estado mal del estómago para comenzar. Cualquiera de estas posibilidades podría haber sido la causa.

Cuantas más posibilidades haya, menos confianza debe tener de que el café de Moe's haya sido el culpable. Sin embargo, si no existen otras cosas inusuales y especialmente si se enferma otra vez después de pro-

MÁS DEL RAZONAMIENTO INDUCTIVO

bar el café de Moe's, entonces es mucho más probable que Moe's tenga la culpa. De cualquier forma, antes de localizar la causa, asegúrese de considerar si podría haber otras diferencias relevantes.

PRÁCTICA

Conteste las siguientes preguntas cuidadosamente.

1. Is the following a logical causal argument? Why or why not?

    Pete's Tavern used to be crowded every night for dinner. Since they changed the menu, though, they hardly have any customers. Must be that people don't like the new menu.

2. It's the middle of summer. On Sunday, you go shopping and decide to try a new detergent. On Tuesday, a heat wave hits your area, and you have no air conditioning. On Wednesday, you develop a rash. You conclude
    a. your rash is caused by the new detergent
    b. your rash is caused by the heat wave
    c. either **a** or **b**
    d. **a** and/or **b**

Respuestas

1. Sí, éste es un argumento causal lógico. Independientemente de si es porque la comida es diferente o si ha habido un aumento drástico en los precios, el nuevo menú *muy probablemente* le ha hecho perder clientela. Debería preguntarse, sin embargo, si no ha habido otros cambios relevantes en el restaurante, tales como un nuevo cocinero o nuevos proveedores de comestibles.

2. Mientras que cada respuesta es una buena posibilidad, la mejor respuesta aquí es **d**. Su irritación puede haber sido causada por el nuevo detergente tan fácilmente como por la ola de calor. Además, como las dos cosas ocurren al mismo tiempo, podría ser una combinación de ambas y no simplemente una o la otra.

BUSCAR EL DENOMINADOR COMÚN

A veces, la causa puede ser determinada no al buscar la diferencia, sino al buscar lo que *no cambia,* esto es, lo que cada incidente tiene en común. Tome como ejemplo las siguientes circunstancias:

Jason has been having trouble sleeping a few nights a week. On the nights when he can't sleep, he notices that the neighbor's dog is always barking and howling. Jason concludes that his trouble sleeping is due to the dog.

Jason ha usado un método lógico para determinar la causa de su insomnio. Está buscando un patrón: algo consistente con las noches que no puede dormir. Como escucha ladrar y aullar al perro todas esas noches, podría ser que el perro le está impidiendo dormir bien. El perro es el **denominador común** de todas estas ocasiones.

Sin embargo, así como es importante tener cuidado de no pasar por alto otras posibles diferencias, es importante recordar buscar otros posibles denominadores comunes. Antes de que Jason concluya que su insomnio se atribuye a los ladridos del perro, debe considerar cuidadosamente si no habría algún otro factor común en esas noches en las que no puede dormir.

Por lo tanto, vamos a complicar la situación un poco agregando evidencias de las que sacar su conclusión:

> Jason has been having trouble sleeping a few nights a week. On the nights when he can't sleep, he notices that the neighbor's dog is always barking. He also realizes that the rough nights are always nights that he hasn't talked to his girlfriend. Those are also nights that he skipped going to the gym because he worked late. What's causing Jason to have trouble sleeping?
>
> a. the dog barking
> b. not talking to his girlfriend
> c. not exercising
> d. none of the above

¿Puede contestar esta pregunta con confianza? Probablemente no. Esto es porque cada una de estas respuestas es una posibilidad legítima. Cada una ocurre todas las noches que Jason no puede dormir. Así como el café no era la única cosa diferente en las circunstancias anteriores, aquí el perro no es el único denominador común. Aquí existen muchas posibilidades. Para poder decir con confianza cuál de éstas es la causa, necesita encontrar sólo un elemento en común para todas las malas noches.

Si Jason supiera que el perro ladra *todas* las noches, incluso en las noches en las que puede dormir, entonces los ladridos se podrían eliminar como opción. De modo similar, si Jason también deja de ir al gimnasio en otras ocasiones cuando *puede* dormir, entonces la opción **c** también podría ser eliminada. Pero hasta que se den más evidencias y las otras posibilidades puedan ser eliminadas, no se puede elegir ninguna de las opciones sobre las otras.

PRÁCTICA

Lea las siguientes circunstancias y luego conteste las preguntas que siguen:

> It's summer and Barbara has been eating less than usual. She notices that the days when her appetite is low are especially hot.

3. Can Barbara say with confidence that the heat is causing her to lose her appetite?

4. What other possible common denominators could there be for Barbara's condition?

Respuestas

3. Barbara puede decir esto con seguridad solamente si ella ha comprobado que no existen otros denominadores comunes. Si nada más ocurre en los días que le falta apetito, entonces Barbara puede concluir con seguridad que es el calor.

4. La falta de apetito de Barbara puede tener que ver con preocupaciones de trabajo, relaciones, dinero, etc.; presiones o estrés; enfermedad; cambio de dieta; y/o una combinación de éstos y otros factores posibles.

POST HOC, ERGO PROPTER HOC

Nina, quien siempre se había vestido de modo muy sencillo, decidió que era hora de animar su vestuario. Fue de compras y llenó su armario entero de ropa nueva y

MÁS DEL RAZONAMIENTO INDUCTIVO

colorida. Dos semanas más tarde, la ascendieron en el trabajo. "¡Increíble!", ella le dijo a un amigo, "No tenía idea de que lo que me ponía en el trabajo podría tener un efecto tan grande. ¡El simple hecho de cambiar el vestuario finalmente me consiguió el ascenso que he estado esperando!"

Nina merece que la feliciten, por supuesto, pero no por su razonamiento. ¿Qué pasa con su lógica aquí?

Nina ha cometido la falacia de razonamiento inductivo **post hoc, ergo propter hoc**. *Post hoc, ergo propter hoc* significa literalmente *después de esto, por lo tanto a causa de esto*. Nina ha asumido que como su ascenso vino *después* de su cambio de vestuario, fue *causado* por ese cambio. Tal vez, posiblemente, su apariencia haya tenido algo que ver con ello. Pero lo más probable es que hubiera varias otras causas para su ascenso. Probablemente haya hecho buen trabajo por meses o años, para comenzar. Además, a lo mejor el puesto al que la ascendieron no se había abierto anteriormente. Puede haber incluso varias otras buenas razones.

Por supuesto, la causa y el efecto *es* una estructura cronológica, es decir, la causa tiene que venir antes del efecto, pero recuerde que uno necesita considerar otras causas posibles. El simple hecho de que A venga antes de B no significa que exista una conexión lógica entre los dos acontecimientos.

Aquí tiene otro ejemplo de *post hoc*:

Después de que el proyecto de ley Ciudadanos Primero pasó, el crimen en esta área subió rápidamente. ¡Qué increíble que el proyecto que tenía que *reducir* el crimen en realidad lo *aumentó*!

Note cómo este argumento asume que como el proyecto de ley Ciudadanos Primero vino antes y el aumento del crimen después, uno *causó* el otro. Pero probar que existe una conexión entre los dos acontec-

imientos no sería fácil, especialmente porque una tasa de criminalidad aumentada podría ser causada por muchos factores diferentes. De hecho, una cifra tan complicada como la tasa de criminalidad probablemente es causada por una *multitud* de factores. ¿Qué más se le ocurre que podría haber causado el aumento?

Other possible causes:

Puede haber listado otras causas posibles como las siguientes:

- An increase in unemployment
- A recession
- A change in population in the area
- A reduction in the police force

De hecho, como la sociedad humana es tan compleja, la mayoría de los temas sociales tienen causas múltiples. Es muy probable que el aumento en la tasa de criminalidad fuese causado por una combinación de éstos, y posiblemente otros, factores. Pero el proyecto de ley Ciudadanos Primero, a menos que específicamente haya eliminado trabajos y reducido la fuerza policial, no tiene la culpa. Puede haber venido primero, pero no es necesariamente la causa.

PRÁCTICA

¿Alguno de los siguientes argumentos causales cometen la falacia *post hoc*?

5. I used to drink 4 or 5 cups of coffee a day and I had lots of headaches. Now that I quit drinking coffee, my headaches are gone.

REASONING SKILLS SUCCESS CON INSTRUCCIONES EN ESPAÑOL

6. After we got our new vacuum cleaner, our electric bills skyrocketed. That thing might as well suck the money right out of our pockets!

7. Mandy started feeding her two year old an extra-fortified oatmeal for breakfast, and as a result he's grown two inches in the last two months!

Respuestas

5. Éste parece un argumento razonable, no un error *post hoc*. Parte de lo que hace que esto sea lógico es el conocimiento general de que la cafeína puede causar dolores de cabeza en algunos que la ingieren mientras disminuye su efecto.

6. *Post hoc*. Es probable que, a menos que usted pase la aspiradora por todos los cuartos todos los días y tenga una casa grande, que la aspiradora no tenga mucho efecto en su cuenta eléctrica. Aun más probable es que su compañía eléctrica haya subido su tarifa y/o simplemente esté usando más sus otros electrodomésticos.

7. *Post hoc*. Los bebés crecen de golpe. Tal vez sea que la avena esté ayudando, pero existen demasiadas otras posibles causas para que esta persona asuma que su crecimiento es debido al cereal enriquecido.

EL HUEVO O LA GALLINA

"Le diré de dónde viene toda la violencia en la sociedad", le dice su vecino un día. "Está causada por toda la violencia en la televisión."

Tal vez, pero no necesariamente. Antes de asentir, considere lo que podría haber argumentado igual de fácilmente su vecino:

"Toda la violencia de la televisión es un simple reflejo de toda la violencia que se ve en la sociedad."

¿Cuál es el argumento correcto? ¿Es que la violencia en la televisión causa la violencia en la sociedad o es que la violencia en la sociedad es la razón por la que existe tanta violencia en la televisión?

De nuevo, los dos argumentos tratan de simplificar un tema que es muy complicado. Lo que también hace que este caso sea problemático es que es difícil saber cuál vino primero, la violencia en la televisión o la de la sociedad: el viejo **dilema del huevo o la gallina**. Necesita pensar cuidadosamente sobre los dos elementos antes de llegar a ninguna conclusión.

Aquí tiene otro ejemplo:

Lucy tiene más confianza porque recibió la calificación más alta en sus últimos dos exámenes.

Es verdad que las buenas notas pueden mejorar su autoestima, pero también es verdad que es más probable que una persona que sienta confianza saque mejor nota en un examen que alguien que no la sienta. Por lo tanto, éste es otro caso en el que la causa y el efecto pueden ir en cualquiera de las dos direcciones: el aumento de confianza de Lucy puede haberse causado por las buenas notas, pero es igual de probable que sus buenas notas fueron causadas por su aumento de confianza. En un caso así, es mejor suspender el juicio sobre la causa hasta que se tenga más información.

MÁS DEL RAZONAMIENTO INDUCTIVO

PRÁCTICA

Lea cuidadosamente lo que sigue. ¿Es alguno de los siguientes puntos culpable de escoger una parte en el dilema del huevo o la gallina?

8. People don't have family values anymore. That's because so many people get divorced these days.

9. Since Linda started exercising, she feels a lot better about herself.

10. There are so many computer manufacturers because the cost of computer technology is so low.

Respuestas

8. Culpable. Es igual de fácil argumentar que "Tantas personas se divorcian estos días porque ya no tienen valores familiares". Así como con cualquier tema social, es seguro que existen causas múltiples.

9. Aunque *es* imposible argumentar lo inverso, es muy probable que el ejercicio que Linda hace sea responsable de su mejor autoestima.

10. Culpable. Éste es otro dilema del huevo o la gallina. Es igual de probable que el costo reducido de la tecnología resulte de que tantas compañías diferentes trabajen en desarrollar productos y procedimientos con una mejor relación entre costo y eficacia. Este caso pide más investigación.

RESUMEN

Existen dos maneras principales de determinar las causas en el razonamiento inductivo: buscar lo que difiere de la norma o el denominador común. Es importante recordar buscar otras posibles diferencias o causas comunes. Los argumentos causales deben evitar la falacia **post hoc, ergo propter hoc**, la cual asume que como A vino antes de B, A causó B. Por último, algunos argumentos causales caen en la trampa del **huevo o la gallina**, en la que el argumento de que A causó B es igual de fuerte que el de que B causó A. Piense cuidadosamente antes de aceptar tal tipo de argumento.

El desarrollo de capacidades entre lección y lección

- Esté atento esta semana a errores en el razonamiento causal. Las personas muchas veces se precipitan en designar una causa y dejan de pensar en otras posibles diferencias o denominadores comunes. Vea si no puede sorprender a otros, o a sí mismo, cometiendo estos errores y corríjalos.
- Lea algo de historia. Los textos históricos exploran la causa y el efecto con mucho detalle, y lo ayudarán a ver cuán complicadas las causas pueden ser a veces. Esto lo ayudará a darse cuenta de cuánto cuidado tiene que tener al evaluar las causas y los efectos.

L·E·C·C·I·Ó·N 18
NÚMEROS Y ESTADÍSTICAS

RESUMEN DE LA LECCIÓN

Muchas veces se utilizan las estadísticas para fortalecer los argumentos, pero no siempre son de confiar. Esta lección le mostrará cómo juzgar la validez de las estadísticas y asegurarse de que los números que usa sean creíbles.

Hay fuerza en los números. Independientemente de si está en el campo de batalla o en la sala de juntas, cuantas más personas luchen por una causa, más probable será que gane. También hay fuerza en los números de los argumentos: las estadísticas tienen más peso y suenan más válidas que las opiniones. Esto es porque los números parecen concretos, basados en hechos y objetivos. Pero no siempre se puede confiar en los números. Como las palabras, los números pueden ser, y muchos veces son, manipulados. Como un pensador crítico, necesita estar atento al tipo de jugadas que pueden hacer los números y saber cómo evaluar las encuestas, estadísticas y otras cifras antes de aceptarlas como válidas.

ANTES QUE NADA: CERCIORARSE DE LA FUENTE

Una de sus primeras prioridades al toparse con una cifra o estadística es evaluar la fuente. ¿De dónde viene esta información? Necesita conocer la fuente para poder considerar su credibilidad.

Muchas veces se citan las cifras sin ninguna indicación de su fuente. Esto debería alertarlo automáticamente. Cuando no se reconoce la fuente, la cifra podría venir de cualquier parte. Aquí tiene un ejemplo:

> Eighty percent of all Americans believe that there is too much violence on television.

Nuestra reacción inmediata podría ser decir "¡Increíble! ¡El 80%! Ésa es una estadística impresionante". Pero como esta afirmación no indica una fuente, uno tiene que resistir la tendencia a aceptar el número como verdadero. La pregunta, "¿Quién hizo esta encuesta?" tiene que responderse antes de poder evaluar la validez de la cifra. Una cifra que no se respalde con una fuente digna de crédito no vale mucho, y no puede ser aceptada con confianza. Desafortunadamente, como no todo el mundo es honesto, uno tiene que considerar que el que hace la afirmación puede haberla inventado para dar la *apariencia* de respaldo estadístico para su argumento.

Si el que argumenta sí provee una fuente, el próximo paso es evaluar su credibilidad. Recuerde, para determinar la credibilidad, busque evidencias de parcialidad y el nivel de experiencia.

Aquí tiene esa estadística de nuevo atribuida a dos fuentes diferentes:

1. According to Parents Against Television Violence, 80 percent of Americans believe that there is too much violence on TV.
2. According to a recent University of Minnesota survey, 80 percent of Americans believe there is too much violence on TV.

¿Aceptaría la estadística tal y como está ofrecida por la fuente número 1? ¿Y por la número 2?

Mientras las dos fuentes pueden tener un nivel respetable de experiencia, debe admitirse que probablemente tengan un nivel más alto de experiencia las personas que llevaron a cabo el estudio universitario. Aun más importante, la fuente en el número 1, *Parents Against Television Violence*, debe preocuparle. ¿Es probable que un grupo como *PATV* sea parcial en cuanto el tema de la violencia en la televisión? Indudablemente. ¿Es posible, entonces, que tal tipo de organización pueda ofrecer estadísticas falsas o engañosas para apoyar su causa? Sí. ¿No sería inteligente, por lo tanto, aceptar esta estadística únicamente con algunas reservas? Sí.

Es mucho más probable, sin embargo, que el estudio de la universidad se haya llevado a cabo de un modo profesional y preciso. La investigación académica está sometida al escrutinio riguroso de la comunidad académica, por lo que es probable que los resultados de la universidad sean muy precisos y aceptables. Hay menos razones por las que sospechar su contaminación por parcialidades o métodos estadísticos descuidados.

PRÁCTICA

Evalúe las siguientes estadísticas. ¿Son creíbles las fuentes? ¿Por qué?

1. A survey conducted by the California Lettuce Growers Association shows that four out of five people disapprove of the Farm Redistribution Act.

2. According to the Federal Drug Administration, 67 percent of Americans worry about toxic chemicals on their fruits and vegetables.

Respuestas

1. Esta fuente tiene un nivel respetable de experiencia, pero uno debe preocuparse por su parcialidad potencial. Con una fuente como ésta, hay un posibilidad de que la encuesta pueda

NÚMEROS Y ESTADÍSTICAS

haberse arreglado para resultar en una tasa alta de desaprobación.

2. Como la *FDA* es una organización gubernamental cuya credibilidad depende de su conocimiento de los peligros de los alimentos y medicamentos para los ciudadanos estadounidenses, es probable que se pueda confiar en esta estadística.

LA IMPORTANCIA DEL TAMAÑO DE LA MUESTRA

En la encuesta ideal, *cada uno* de la población en cuestión sería consultado. Pero como esto es muchas veces imposible, los investigadores tienen que conformarse con entrevistar a una **muestra** de la población. Desafortunadamente, esto significa que sus resultados no siempre reflejan la opinión de la población entera.

Evidentemente, cuanto más grande sea el tamaño de la muestra, más corresponderá la encuesta a la población entera. Por ejemplo, digamos que usted quiere descubrir qué piensan los católicos a través de todo el país sobre la legalización del matrimonio entre homosexuales. Si hay seis millones de católicos en los Estados Unidos, ¿a cuántos debe entrevistar? ¿Seis? ¿Seiscientos? ¿Seis mil? ¿Sesenta mil? ¿Seiscientos mil?

Por supuesto, la cantidad de personas que entreviste dependerá del tiempo y dinero que tenga para invertir en la encuesta, pero bajo ninguna circunstancia sería suficiente entrevistar a seis ni sesenta. Estos números simplemente reflejan un porcentaje demasiado pequeño de la población que le interesa analizar. Sin embargo, 60,000 es mucho mejor. Aunque sólo alcanza a un porcentaje de la población Católica, es un número muy sólido. Por otro lado, seiscientos mil llega al 10 por ciento de la población, haciendo mucho más probable que los resultados de su encuesta reflejen la opinión de la población entera.

En la revista televisiva de noticias *"Dateline"* de NBC, el comentador Stone Phillips muchas veces termina el programa con los resultados de una encuesta de opiniones sobre el programa. Antes de anunciar los resultados, sin embargo, *"Dateline"* señala al público el número exacto de personas que participaron. Esto es, que anuncia el tamaño exacto de la muestra. Esta práctica ayuda a que los resultados que *"Dateline"* produce sean más creíbles y le facilita a uno juzgar por sí mismo si la muestra es suficientemente grande como para ser representativa de los pensamientos del país entero.

Probablemente se pregunte cuánto es suficiente para el tamaño de una muestra. No existe un regla rigurosa en cuanto a esto, salvo ésta: cuanto más grande la muestra, mejor el resultado. Cuanto más grande la muestra, más probable es que los resultados de la encuesta reflejen con precisión las opiniones de la población en cuestión.

PRÁCTICA

3. Read the following situation carefully and answer the question that follows.

You're conducting a survey of students to determine how many support the administration's proposal for a dry campus. There are 5,000 students. You've set up a small polling booth in the student union. After how many responses would you feel you have a sample large enough to reflect the opinion of the entire student body?

a. 5
b. 50
c. 500
d. 1,000

Respuesta

Probablemente sean suficientes quinientas (**c**) respuestas para darle una buena idea de la opinión general de la ciudad universitaria. Si pudiera conseguir 1,000 respuestas, sin embargo, sus resultados serían más precisos. Cinco y 50 son muestras insuficientemente grandes para esta encuesta.

MUESTRAS REPRESENTATIVAS, HECHAS AL AZAR Y PARCIALES

Digamos que quiere hacer esa encuesta, pero no tiene ningún presupuesto. Como forma parte de una *fraternity* o asociación estudiantil masculina con 100 miembros, decide simplemente entrevistarlos a ellos. ¿Es que sus resultados reflejarán con precisión la opinión de la universidad?

A pesar de la frecuencia con la que su *fraternity* da fiestas y de lo que piensan sus miembros sobre tomar alcohol, sería prácticamente imposible que los resultados de su encuesta reflejaran con precisión la opinión del estudiantado. ¿Por qué? Porque su muestra no es **representativa** de la población cuya opinión quiere descubrir. Para que su muestra sea representativa, debe incluir a todos los grupos y subgrupos variados de la población estudiantil. Esto es, las personas en su grupo de muestra deben representar a las del grupo entero. Esto significa que, por ejemplo, necesita entrevistar a miembros de varias *fraternities* diferentes, no sólo de la suya. Además, su grupo de muestra necesita incluir miembros de todas las diferentes organizaciones universitarias: el gobierno estudiantil, las *sororities* o asociaciones estudiantiles femeninas, grupos políticos, deportes, clubes diferentes, etc.

Además, la muestra debe incluir respuestas de estos grupos en aproximadamente la misma proporción en la que se encuentran en la universidad. Esto es, si el 50 por ciento de los estudiantes son miembros de *fraternities* o *sororities*, entonces aproximadamente el 50 por ciento de su entrevistados deben ser miembros también. Si el 20 por ciento son miembros de un grupo atlético, entonces aproximadamente el 20 por ciento de sus respuestas deben ser de atletas, etc. De este modo, es más probable que los resultados de la encuesta correspondan a los que sacaría si pudiera hacer la encuesta con todos los estudiantes.

Pero, ¿cómo obtener una muestra representativa para poblaciones más grandes, tales como seis millones de católicos o mil millones de chinos? Como la variedad de los posibles entrevistados es tan amplia, su mejor estrategia es obtener una muestra **al azar**. Al seleccionar participantes al azar, tiene la mejor posibilidad de obtener una muestra representativa porque cada persona tiene la misma oportunidad de ser entrevistada. Las muestras representativas y al azar ayudan a impedir que obtenga un muestra **parcial**. Imagine que lee lo siguiente:

> In a survey of 6,000 city residents, 79 percent of the respondents say that the Republican mayor has done an outstanding job.

Esta afirmación nos dice el tamaño de la muestra, 6,000, el cual es un número sólido. Pero no dice cómo se seleccionaron a los 6,000 residentes para contestar la encuesta. Como la afiliación política y el estado económico de los participantes podría influir mucho en los resultados de la encuesta, es importante saber si esas 6,000 personas son suficientemente variadas para reflejar con precisión la opinión de una ciudad entera.

Por ejemplo, si todos los 6,000 entrevistados eran republicanos, por supuesto que el porcentaje de votos favorables sería alto, pero eso no dice mucho sobre lo que piensan los miembros de otros partidos. Si hiciera una encuesta de otros 6,000 residentes, digamos que de demócratas y personas en el sistema de bienestar

NÚMEROS Y ESTADÍSTICAS

público, sacaría un número de aprobación mucho, mucho menor. ¿Por qué? Porque los miembros de este grupo de muestra, por su estado socioeconómico y/o sus creencias políticas, podrían ser parciales en contra de un alcalde republicano. Por eso, es muy importante que la muestra sea todo lo representativa posible, incluyendo a demócratas y republicanos, los ricos y los pobres de la ciudad.

Sin embargo, ¿cómo saber si una encuesta ha usado una muestra representativa? Las encuestas que se han hecho de modo legítimo por lo general tendrán mucho cuidado en proveer la información sobre el tamaño de la muestra y la población para que sus resultados sean más creíbles. Podría encontrar algo parecido a esto, por ejemplo:

- In a recent survey, 500 random shoppers were asked whether they felt the Food Court in the mall provided sufficient selection.
- A survey of 3,000 men between the ages of 18 and 21 found that 72 percent think either the drinking age should be lowered to 18 or the draft age should be raised to 21.

Note cómo estas afirmaciones le informan de exactamente quién fue entrevistado.

> **Nota especial**
>
> Tenga cuidado con encuestas hechas por teléfono o por correo o que dependen de modo similar de que los *participantes* actúen. Los resultados de estas encuestas tienden a ser engañosos porque los que se toman el tiempo de devolver encuestas por correo o de hacer el esfuerzo de llamar, mandar un fax o correo electrónico para responder muchas veces son personas que tienen una opinión fuerte sobre el tema. Asumir que las opiniones de las personas muy interesadas en el tema sean representativas de las de la población entera es peligroso porque no es muy probable que la *mayoría* de las personas de la población piensen así.

PRÁCTICA

Evalúe las siguientes afirmaciones. ¿Le parece que las encuestas tienen muestras representativas o podrían ser parciales?

4. Topic: Should campus security be tighter?
Population: Female students
Sample: Women who have been victims of crimes on campus

5. Topic: Is there sufficient parking in the city?
Population: City residents and visitors
Sample: People randomly stopped on the street in various districts within the city

6. Topic: Should Braxton Elementary extend school hours until 4:00 P.M.?
Population: All parents of children in Braxton Elementary
Sample: Members of the PTA

Respuestas

4. Está claro que la muestra de esta encuesta es parcial. Si únicamente se entrevistan a las mujeres que han sido víctimas del crimen en la ciudad universitaria, seguramente los resultados reflejarán una insatisfacción con la seguridad allí. Además, a menos que ésta sea una universidad femenina, la muestra no es representativa.

5. La muestra en esta encuesta es representativa. Las personas paradas al azar por la calle en varias partes de la ciudad deben resultar en una buena mezcla de residentes y turistas de todo tipo de educación y necesidades de estacionamiento.

6. Esta muestra no es representativa. Sólo un número limitado de padres tendrán el tiempo, o el deseo, de ingresar a la *PTA*. Por ejemplo, no es muy probable que los padres que tienen dos trabajos sean miembros, pero sus opiniones sobre el día escolar extendido son muy importantes.

COMPARAR PERAS CON MANZANAS

In 1972, a Hershey's chocolate bar cost only 5 cents. Today, the same bar costs at least 50 cents. That's an increase of over 1,000 percent!

Esta cifra suena horrible, ¿no? Pero, ¿es tan horrible como insinúan esos cálculos? No exactamente.

El problema con esta afirmación es que mientras el precio real de una barra de chocolate de Hershey's puede haber aumentado un 1,000%, no es una comparación justa. Esto es porque 5 centavos en 1972 tenía más valor de mercado que 5 centavos hoy. En esta situación, los costos reales no pueden ser comparados legítimamente. En cambio, los costos tienen que ser comparados después de que hayan sido *ajustados según la inflación*. Como ha pasado tanto tiempo y el valor del dólar ha bajado en los últimos 25 años, tal vez 50 centavos hoy sea realmente más barato que 5 centavos en 1972.

Es importante, por lo tanto, analizar comparaciones como ésta para asegurarse de que las estadísticas sean realmente comparables. Cualquier comparación monetaria necesita tomar en cuenta el valor de mercado y la inflación. Cuando trata de cifras no relacionadas con el dinero, sin embargo, existen otros problemas importantes. Por ejemplo, fíjese en el siguiente argumento:

In 1988, there were 100 arrests for misdemeanors in Regal County. In 1997, there were 250. That's an increase of 150 percent in just ten years. Crime in this county is getting out of control!

¿Qué tiene de malo este argumento? Evidentemente, ha habido un aumento marcado en el número de arrestos para delitos menores en la última década. Pero lo que la afirmación no dice es que durante el mismo período, la población del condado de Regal aumentó un 250 por ciento. Ahora, ¿cómo afecta esto al argumento anterior?

Si la población aumentó de 100,000 a 350,000, ¿es el aumento de arrestos todavía una indicación de que "Crime in this county is getting out of control"? No.

NÚMEROS Y ESTADÍSTICAS

De hecho, esto significa que el número de arrestos per capita (es decir, por persona) en realidad ha *bajado.* Por lo tanto, éste es otro caso de comparar peras con manzanas porque la población de 1998 es muy diferente del la de 1988.

Debe tener cuidado con cualquier comparación que se hace a través del tiempo, pero los mismos problemas pueden surgir en comparaciones contemporáneas. Tome las siguientes estadísticas, por ejemplo:

St. Mary's Hospital has fewer cesarean sections per delivery than St. Ann's.

Si quiere dar a luz de modo natural, ¿debe ir a St. Mary's para tener su bebé? No necesariamente. Considere esto: St. Ann's Hospital se especializa en nacimientos difíciles y embarazos de alto riesgo. Como su grupo de pacientes es diferente, el número de cesáreas va a ser diferente también. Peras con manzanas.

PRÁCTICA

¿Es que las siguientes estadísticas comparan peras con manzanas o son comparaciones justas?

7. I bought this house in 1964 for just $28,000. Now it's worth $130,000. What a profit I've made!

8. That shirt is $45. This one is only $15. They look exactly the same. I found a bargain!

9. The total per capita income in Jewel County, adjusted for inflation, went up 12 percent in the last two years.

Respuestas

7. Peras con manzanas. Cuando esta cifra se ajusta según la inflación, podría ver que la casa tiene el mismo valor de mercado.

8. Esto depende del material de que están hechas las camisas. Si las dos están hechas del mismo tipo y calidad de material, entonces es una comparación de peras con peras. Si, no obstante, una camisa es de seda y la otra de poliéster, entonces son peras con manzanas.

9. Justa.

RESUMEN

Es cierto que las estadísticas pueden ser muy engañosas. Cuando las encuentre, cerciórese de que la fuente sea creíble. Luego fíjese en el tamaño de la muestra y decida si es suficientemente sólido. Busque evidencias de que la muestra sea representativa o al azar y no parcial. Por último, tenga cuidado con las estadísticas que comparen peras con manzanas al poner dos artículos desiguales a la par.

El desarrollo de capacidades entre lección y lección

- Busque resultados de encuestas en un periódico serio con una circulación nacional, como *The New York Times, Washington Post* o *San Francisco Chronicle*. Note cuánta información proveen sobre el modo en que se llevó a cabo la encuesta. Luego, busque resultados en un tabloide o una fuente menos creíble. Note cuán poca información se provee y evalúe la posibilidad de parcialidad.
- Piense en una encuesta que le gustaría llevar a cabo. ¿Cuál es la población que le interesa? ¿Cómo obtendría una muestra representativa? ¿Cuál debería ser el tamaño de su muestra?

L·E·C·C·I·Ó·N 19
RESOLVER PROBLEMAS

RESUMEN DE LA LECCIÓN

Mientras que problemas de lógica y enigmas pueden ser divertidos, también pueden ayudar a determinar la dirección de su carrera si alguna vez tiene que tomar un examen de capacidades de razonamiento y lógica. Esta lección le mostrará el tipo de preguntas que típicamente se encontrarán en este tipo de examen y cómo enfrentar este tipo de preguntas.

Unas sólidas capacidades de razonamiento y pensamiento crítico lo ayudarán a tomar mejores decisiones y resolver problemas de un modo más eficaz en su vida cotidiana. Pero también lo ayudarán en situaciones especiales, como cuando lo examinan sobre sus capacidades de lógica y de razonamiento. Puede estar en una clase de pensamiento crítico, solicitando un ascenso o tiene la esperanza de llegar a ser policía o bombero, o tal vez simplemente le guste resolver problemas de lógica o enigmas para pasar el tiempo. Cualquiera sea el caso, si se encuentra con problemas de lógica, verá que generalmente vienen en la forma de preguntas que examinan su:

- Sentido común.
- Capacidad de distinguir entre buenas y malas evidencias
- Capacidad de sacar conclusiones lógicas de evidencias

REASONING SKILLS SUCCESS CON INSTRUCCIONES EN ESPAÑOL

Usted ha aprendido mucho sobre el pensamiento crítico y el razonamiento deductivo e inductivo, por lo que debe ya tener las capacidades para enfrentar este tipo de preguntas. El objetivo de esta lección es familiarizarlo con el formato de este tipo de preguntas y proveerle estrategias para llegar rápidamente a la respuesta correcta.

El sentido común

Las preguntas que ponen a prueba su sentido común frecuentemente presentan circunstancias en las que uno tiene que tomar decisiones. Aunque la situación le sea ajena y las preguntas le parezcan difíciles, puede encontrar la respuesta al recordar cómo dividir un problema en sus partes y al pensar tranquila y lógicamente en la situación.

EJEMPLO DE PREGUNTA

Fíjese, por ejemplo, en la siguiente pregunta:

A police officer arrives at the scene of a two-car accident. In what order should the officer do the following?

   I. Interview witnesses
  II. Determine if anyone needs immediate medical attention
 III. Move the vehicles off of the roadway
 IV. Interview the drivers to find out what happened

   a. II, IV, III, I
   b. II, IV, I, III
   c. II, III, I, IV
   d. IV, II, III, I

La mejor respuesta aquí sería **b**, II, IV, I, III. Su sentido común debe decirle que, por encima de todo, la primera prioridad es la seguridad de las personas afectadas por el choque. Por eso **II** tiene que venir primero en la lista, y significa que puede eliminar automáticamente la respuesta **d**. Ahora, otra vez empleando su sentido común, ¿qué debe venir después? Mientras que las declaraciones de testigos son importantes, es más importante hablar directamente con las personas involucradas en el accidente, por lo que **IV** debe seguir a **II**, lo cual elimina la respuesta **c**. Ahora le quedan **a** y **b**. Ahora, ¿por qué debe esperar para mover los vehículos fuera del camino? La razón principal por la que esto no viene antes es que necesita ver las evidencias, exactamente dónde y cómo terminaron los autos, mientras escucha los testimonios de los conductores y de los testigos. Una vez que tenga sus declaraciones y haya registrado la escena del accidente, entonces sí puede mover los vehículos sin problemas.

PRÁCTICA

1. Using the scenario above and assuming that both drivers are in serious condition, write three things that the officer should do and the order in which he should do them.

1.

2.

3.

Respuesta

Otra vez, el sentido común debe decirle que la primera cosa que necesita hacer es obtener atención médica para los conductores. Número uno en su lista, entonces, debe ser *llamar una ambulancia*. Y luego, ¿qué? Dependiendo

RESOLVER PROBLEMAS

del tipo de accidente, los conductores pueden estar en peligro si se quedan en los autos. Por lo tanto, lo próximo que debe hacer el agente es *rápidamente evaluar el daño hecho a los autos* para que pueda mover a los pasajeros a un lugar seguro si hay peligro de una explosión. Finalmente, puede ser que el agente de policía no sea médico, pero es probable que tenga alguna capacitación médica. Lo siguiente que debe hacer es *fijarse si no hay algún cuidado médico que pueda administrar*. Tal vez pueda administrar *CPR* o vendar una herida que sangra mucho hasta que llegue la ambulancia.

Recuerde, la clave de responder a este tipo de pregunta es recordar cómo priorizar problemas, y esto quiere decir que necesita pensar cuidadosamente en muchas posibles circunstancias.

PRÁCTICA

2. Jonathan wants to run for president of the senior class. In what order should he do the following?
   I. Come up with a catchy campaign slogan
   II. Develop a campaign platform
   III. Find out the procedures and requirements for running for class office
   IV. Create posters and post them all around the school

   a. I, II, III, IV
   b. II, I, IV, III
   c. III, II, I, IV
   d. III, I, II, IV

Respuesta

La mejor respuesta aquí es **c**. Sin lugar a dudas, la primera cosa que Jonathan tiene que hacer es averiguar cuáles son los procedimientos y requisitos adecuados para postularse para un cargo de la clase. Tal vez Jonathan tenga que tener un promedio de notas (grade point average) de 3.0 para postularse para presidente. Si Jonathan no lo tiene y no se ha molestado en fijarse en los requisitos antes de hacer **I, II** y **IV**, está perdiendo su tiempo y energía. La lógica también debe decirle a usted que Jonathon tiene que desarrollar una plataforma de campaña antes de inventar un lema y hacer afiches. Al fin y al cabo, ¿no deben su lema y afiches reflejar lo que piensa hacer como presidente de la clase? Por último, Jonathan debe querer tener su lema, una frase atractiva y pegadiza, en todos sus afiches, por lo que los afiches evidentemente son el último de los pasos.

EVALUAR EVIDENCIAS

Las pruebas de lógica muchas veces miden las capacidades de razonamiento deductivo e inductivo. Por eso algunas preguntas pueden pedirle que evalúe evidencias. Recuerde que las evidencias sólidas para un argumento deductivo son *creíbles* y *razonables*.

EJEMPLO DE PREGUNTA

Va a necesitar tener estos criterios en cuenta y usar su sentido común para trabajar con problemas como los siguientes:

Nadine has complained to management that the bathroom facilities in her office reflect a bias against women. Which of the following would provide the strongest support for her claim?

a. That all the women in the office agree with Nadine.
b. That the twenty-five women have only two bathroom stalls whereas the thirty-five men have five urinals and three stalls.

c. That there are 30 percent more men in the office than women.
d. That women usually visit the restroom more frequently than men and take longer per visit.

Usted debe haber elegido **b** como la mejor respuesta. ¿Por qué? Porque **b** ofrece el respaldo más *específico* y *relevante* para el argumento. Aunque hay fuerza en números y ayuda que todas las mujeres apoyen su argumento, es más probable que Nadine persuada a la administración con hechos concretos, como el número de compartimentos por usuario. Está claro en las evidencias provistas en **b** que las instalaciones para hombres son mucho más adecuadas que las de las mujeres. La opción **c** no es la mejor evidencia aquí porque simplemente afirma la diferencia entre empleados masculinos y femeninos. Sin una relación directa con el asunto de los baños, esta estadística no tiene sentido. La respuesta **d**, mientras podría respaldar la afirmación de Nadine, no es una evidencia tan sólida como la **b**, porque no se dirige directamente al número de instalaciones.

Ahora le toca a usted.

PRÁCTICA

Lea las siguientes circunstancias y responda a las preguntas que siguen:

City Council member Andrew Anderson claims that the city could save millions of dollars each year by turning services like garbage collection over to private companies.

3. Which of the following would provide the strongest support for Anderson's argument?
   a. statistics showing how much the city spends each year on these services
   b. statistics showing how much comparable cities have saved by farming out these services to private companies
   c. proposals from private companies showing how well they could perform these services for the city and at what costs
   d. a direct comparison of how much the city spends per year on these services and how much the city would save by farming the services out to private companies

4. Which of the following is most likely to work AGAINST Anderson's argument?
   a. statements from citizens protesting the switch from public to private services
   b. statistics demonstrating how much more the average citizen would have to pay for privatization of these services
   c. reports from other cities with privatized services about citizen protests that forced the return to public services
   d. reports from other cities about corruption among privatized service providers

Respuestas

3. El respaldo más sólido para el argumento de Anderson es **d**, una comparación directa de cuánto gasta la ciudad por año en estos servicios y cuánto ahorraría al pasar los servicios a compañías privadas. Recuerde, el argumento de Anderson es que la ciudad ahorraría millones al dar estos servicios al sector privado, y esta comparación mostraría exactamente cuánto esta ciudad (y no otras) ahorraría.

4. La respuesta **c** es la que es más probable que funcione en contra del argumento de Anderson

RESOLVER PROBLEMAS

porque es la evidencia más sólida de que el plan no funcionó en ciudades similares. Además, demuestra que los consejos municipales que habían aprobado planes similares tuvieron que restablecer servicios públicos debido a protestas de los ciudadanos. Como los miembros de consejos municipales se eligen, es importante para ellos contentar a sus electores, y **c** sugiere que privatizar estos servicios no logra esto. Además, debe poder ver que **a, b** y **d** son razones que probablemente causarían que los ciudadanos protestaran y demandaran el retorno a los servicios públicos.

SACAR CONCLUSIONES DE EVIDENCIAS

Muchas preguntas que encontrará cuando lo examinen sobre sus capacidades de razonamiento le pedirán que saque conclusiones de evidencias. A estas alturas, ha completado varias lecciones sobre el razonamiento inductivo, por lo que no debe tener ningún problema con estas preguntas, aunque su formato sea diferente de lo que acostumbra.

Así como en otros tipos de preguntas, puede asegurarse de responder correctamente al usar el proceso de eliminación. Con las evidencias que la pregunta ofrece, debe poder eliminar automáticamente algunas de las respuestas.

EJEMPLO DE PREGUNTA
Por ejemplo, fíjese en la siguiente pregunta:

A jeep has driven off the road and hit a tree. There are skid marks along the road for several yards leading up to a dead fawn. The marks then swerve to the right and off the road, stopping where the jeep is. The impact with the tree is head-on but the damage is not severe. Based on the evidence, which of the following is most likely what happened?

a. The driver was aiming for the fawn and lost control of the jeep.
b. The driver fell asleep at the wheel and was awakened when he hit the fawn.
c. The driver tried to avoid the fawn and lost control of the jeep.
d. The driver was drunk and out of control.

Según los hechos, especialmente el más importante, que hay marcas de rueda, puede eliminar automáticamente las opciones **a** y **b**. Si el conductor estuviera apuntando al cervatillo, probablemente no hubiera frenado y dejado marcas en el asfalto. En cambio, es probable que hubiera acelerado, en cuyo caso su impacto con el árbol hubiera sido más fuerte y causado más daños. De modo similar, si el conductor se hubiera dormido al volante y sólo despertado al atropellar al cervatillo, no hubiera dejado marcas en el asfalto que llegaran al lugar del animal.

Bien, ahora le quedan dos posibilidades: **c** y **d**. ¿Cuál es más probable que sea verdad? Mientras es totalmente posible que el conductor estuviera borracho, todas las evidencias apuntan a que **c** tiene mayor posibilidad. Las marcas en el asfalto indican que el conductor intentaba frenar para no estrellarse con el cervatillo. No tuvo éxito, chocó con el animal, salió fuera del camino y se estrelló contra un árbol.

Otras preguntas que le piden sacar conclusiones de evidencias pueden variar en cuanto a formato, pero no deje que su apariencia lo engañe. Si se fija en el siguiente problema, por ejemplo, verá que puede resolverlo rápida y fácilmente al aplicar evidencias provistas y eliminar las respuestas incorrectas por el camino.

PRÁCTICA

5. There are four brothers—Al, Bob, Carl, and Dave. Dave is two years older than Bob; Bob is one year younger than Carl; Al, who is 34, is two years younger than Carl. Which brother is oldest?

a. Al
b. Bob
c. Carl
d. Dave

6. Jack and Jill are planning the seating arrangements for their wedding reception. At one table are six guests. When deciding who should sit next to whom at this table, the couple has to keep in mind that:

- Guest 1 cannot sit next to Guest 2.
- Guests 3 and 4 must sit next to each other, but under no circumstances should Guest 4 sit next to Guest 1.
- Guest 5 can sit next to anyone except Guest 3.
- Guest 6 should not sit next to Guest 3 or 4 and would be happiest sitting next to Guest 5.

Which of the following is the best arrangement for this table?

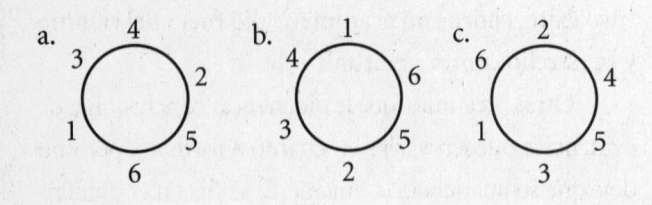

a. (circle with 4 top, 3 and 2 upper sides, 1 and 5 lower sides, 6 bottom)
b. (circle with 1 top, 4 and 6 upper sides, 3 and 5 lower sides, 2 bottom)
c. (circle with 2 top, 6 and 4 upper sides, 1 and 5 lower sides, 3 bottom)

Respuestas

5. Puede resolver este enigma fácilmente al comenzar con un hecho clave: que Al tiene 34 años. Una vez que tenga la edad de Al, puede luego determinar que Carl tiene 36. Esto elimina a Al como el mayor. Luego, de la edad de Carl puede determinar que Bob tiene 35, lo cual lo elimina a Bob también. De la edad de Bob, puede determinar que Dave tiene 37, lo cual hace que Dave sea el mayor y **c** la respuesta correcta.

6. Aunque la pregunta parece complicada, en realidad se llega a la respuesta bastante fácilmente. Empiece con una información importante: que 3 y 4 tienen que sentarse juntos y que 4 no puede sentarse con 1. ¿Por qué es ésta la información clave? Porque le permite sentar a tres de los invitados inmediatamente. Luego los otros tres deberían entrar en sus lugares fácilmente y puede ver que **a** es la respuesta correcta.

RESUMEN

Los exámenes cuyo objetivo es medir sus capacidades de razonamiento y pensamiento crítico generalmente hacen tres tipos de pregunta: aquellas que miden su sentido común, aquellas que miden su capacidad de reconocer las buenas evidencias y aquellas que miden su capacidad de sacar conclusiones lógicas de evidencias. Saldrá bien en estos exámenes si recuerda dividir el problema en partes y pensar en diferentes circunstancias posibles, si tiene en cuenta los criterios para argumentos sólidos y buenas evidencias, y si comienza su razonamiento inductivo al trabajar con los hechos clave. Utilice el proceso de eliminación para llegar a la respuesta correcta.

El desarrollo de capacidades entre lección y lección

- Vaya a la librería más cercana o a la biblioteca y saque un libro de problemas de lógica y enigmas. Cuanto más practique, mejor los resolverá.
- Escriba sus propios problemas de lógica y enigmas. Pruébelos con su familia y sus amigos. Asegúrese de poder explicar con claridad la respuesta correcta.

L·E·C·C·I·Ó·N 20
EMPLEAR TODO LO ANTERIOR

RESUMEN DE LA LECCIÓN

Esta lección pone en práctica las estrategias y capacidades que viene desarrollando a través del libro, particularmente en las lecciones 11-19. Repasará los puntos clave de estas lecciones y practicará sus capacidades de razonamiento inductivo y deductivo.

Antes de comenzar a "poner todo en práctica", repasemos lo que aprendió en la segunda mitad del libro. Si quiere hacer un repaso rápido de la primera mitad, fíjese en la lección 10.

LECCIÓN 11: FALACIAS LÓGICAS

Aprendió que las personas muchas veces intentarán apelar a sus emociones en vez de se sentido de la razón. Podrían usar *tácticas de generar miedo, zalamería* o *presión del grupo,* o podrían apelar a su *compasión.*

Lección 12: Falacias lógicas ii

Aprendió sobre cuatro falacias lógicas que fingen ser lógicas pero no lo son. *Ningún término medio* afirma que existen sólo dos opciones cuando, en realidad, existen muchas. La falacia de *relaciones demasiado fáciles* argumenta que si ocurre X, entonces seguirá Y, aunque X no necesariamente lleva a Y. El *razonamiento circular* es un argumento que vuelve sobre sus pasos: las premisas simplemente vuelven a articular la conclusión. Por último, *un error justifica otro* argumenta que está bien hacerle algo a alguien porque alguien podría estar haciéndole lo mismo a usted.

Lección 13: Falacias lógicas iii

Aprendió a reconocer tres falacias lógicas comunes que distraen la atención y distorsionan el problema. Una falacia *ad hominem* ataca a la persona en vez de las afirmaciones que hace. La *distracción de la atención del problema real* ocurre al insertar un tema irrelevante, mientras *un argumento de oposición débil o imaginario* distorsiona la posición del opositor para que sea más fácil de desbaratar.

Lección 14: Explicaciones

Practicó evaluar la validez de explicaciones. Aprendió que las explicaciones tienen que ser relevantes y posibles de poner a prueba, y que debe rechazar explicaciones circulares. También aprendió la importancia de desconfiar de explicaciones que contradigan su conocimiento existente o teorías aceptadas.

Lección 15: El razonamiento inductivo

Aprendió que el razonamiento inductivo es el proceso de sacar conclusiones lógicas de evidencias. También aprendió que un buen argumento inductivo es uno en el que es muy *probable* que las premisas lleven a la conclusión.

Lección 16: Sacar conclusiones precipitadamente

Aprendió a distinguir entre el buen razonamiento inductivo y falacias inductivas como *generalizaciones precipitadas*, que sacan conclusiones de evidencias insuficientes. Las *generalizaciones parciales* sacan conclusiones de evidencias parciales y los *non sequitur* sacan conclusiones que no necesariamente siguen a las premisas.

Lección 17: El razonamiento inductivo

Aprendió dos modos de emplear el razonamiento inductivo para determinar causas: al buscar lo que es diferente o el denominador común. Aprendió a buscar otras posibles diferencias y causas comunes y estar atento a la falacia *post hoc, ergo propter hoc,* la cual asume que como A vino antes de B, A *causó* a B. También aprendió a evitar el argumento causal "el huevo o la gallina".

EMPLEAR TODO LO ANTERIOR

LECCIÓN 18: NÚMEROS Y ESTADÍSTICAS

Aprendió que los números pueden ser muy engañosos. Practicó cerciorarse de tener una *fuente confiable*, un *tamaño de muestra* adecuado y una *muestra representativa*. También aprendió a reconocer estadísticas que comparan "peras con manzanas".

LECCIÓN 19: RESOLVER PROBLEMAS

Puso en práctica sus capacidades de razonamiento deductivo e inductivo y pensamiento crítico en el tipo de preguntas que podría encontrar en un examen de lógica o capacidades de razonamiento. Resolvió problemas de lógica diseñados para examinar su sentido común, capacidad de reconocer buenas evidencias y de sacar conclusiones lógicas de evidencias.

> **Si alguno de estos términos o estrategias no le es familiar, DETÉNGASE. Tómese unos minutos para repasar la lección que no le haya quedado clara.**

PRÁCTICA

Éste es el momento de usar todas estas ideas juntas, agregarlas a lo que aprendió en la primera mitad del libro, y hacer los siguientes ejercicios:

Lea cuidadosamente el siguiente pasaje y luego responda a las preguntas que siguen.

> **Ban the Cloning of Human Beings!** Now is the time to create a permanent ban on the cloning of human beings. If we don't act now, before you know it there will be thousands of companies exploiting the cloning process to make armies of worker-drones and dozens of dictators making their own armies of killers. Would you want to be cloned by a mad scientist? Research shows that over 80 percent of the American people say no!

1. Which deductive reasoning fallacy is used in this passage?
   a. scare tactics
   b. dysphemisms
   c. slippery slope
   d. red herring

2. The phrase "armies of killers" is a
   a. euphemism
   b. dysphemism
   c. false dilemma
   d. loaded question

3. The question "Would you want to be cloned by a mad scientist?" is a
   a. euphemism
   b. dysphemism
   c. false dilemma
   d. loaded question

4. What is wrong with the claim that "Research shows that over 80 percent of the American people say no!"?
   a. It doesn't tell who the researchers are.
   b. It doesn't give the sample size.
   c. The sample may be biased.
   d. both **a** and **b**
   e. **a, b,** and **c**

5. Does this argument offer any facts? If so, write the facts below. If not, are there any claims you can accept as tentative truths, or is each claim an opinion?

LearningExpress Skill Builders • LESSON 20

Señale los problemas que tengan las siguientes afirmaciones.

6. I know Barry said you should buy a Camry, but what does Barry know? He's a kook who believes in UFOs.
   a. begging the question
   b. *ad hominem*
   c. *non sequitur*
   d. circular reasoning
   e. nothing wrong

7. The last three times we went to that restaurant the service was slow and the food was lousy. It's gone down the tubes. Let's go somewhere else instead.
   a. biased generalization
   b. hasty generalization
   c. *non sequitur*
   d. two wrongs make a right
   e. nothing wrong

8. Amos wasn't upset that we borrowed his Walkman, so I'm sure he wouldn't mind if we borrowed his car.
   a. biased generalization
   b. *non sequitur*
   c. two wrongs make a right
   d. nothing wrong

9. I never tried meditation until just the other day, and now look—I win the lottery! Meditation sure makes good things happen!
   a. *post hoc, ergo propter hoc*
   b. untestable explanation
   c. the chicken and the egg dilemma
   d. nothing wrong

10. The bridge is in terrible condition because it is falling apart.
    a. untestable explanation
    b. circular explanation
    c. irrelevant explanation
    d. nothing wrong

Lea el siguiente pasaje cuidadosamente y luego conteste las preguntas que siguen.

Anna's apartment has been robbed. Only her valuable jewels, which she kept carefully hidden, have been stolen. Anna claims that the only people who knew where the jewels were hidden were her mother and her fiancée, Louis. Anna recently lost her job. Louis claims he was working at the time of the robbery and that he never told anyone else about the hiding place. Louis's boss and a co-worker vouch for Louis, claiming he was indeed at work at the time of the robbery. However, Louis's boss was not with Louis the entire time—he left before Louis's shift was over. Louis's boss was convicted of insurance fraud several years ago. Anna's insurance on the jewelry is worth several hundred thousand dollars. She recently had the jewels re-appraised.

11. Which of the following is the most logical conclusion to draw from the above evidence?
    a. Anna fabricated the whole thing for the insurance money.
    b. Louis stole the jewels and is paying his boss to cover for him.
    c. Anna, Louis, and Louis's boss are all in it together for the insurance money.
    d. Anna is an innocent victim of a plot by Louis and his boss to steal her jewelry and sell it while Louis helps her spend her insurance money.

12. Is Louis's boss's testimony credible? Why or why not?

Respuestas

1. La respuesta es **c**, relaciones demasiado fáciles. Note cómo el pasaje afirma que si ocurre X (*"if we don't act now"*), entonces automáticamente seguirá Y. Pero el no prohibir clonar ahora no significa que miles de compañías comenzarán a *"exploiting the cloning process to make armies of worker-drones"* y que *"docenas de dictadores"* estarán *"making their own armies of killers"*. Por supuesto, esto es posible, pero definitivamente no es necesariamente verdad.

2. *"Armies of killers"* es **b**, disfemismo, que reemplaza la palabra neutra soldiers con una mucho más negativa.

3. "Would you want to be cloned by a mad scientist?" es **d**, una pregunta parcial. La palabra mad hace que sea difícil contestar que sí a esta pregunta porque quién sabe lo que haría un *"mad scientist"* con usted (o sus clones), ¿no?

4. El problema con esta afirmación es **e**—**a**, **b** y **c**. La afirmación no es respaldada por información de los investigadores, no se da el tamaño de la muestra y no hay un modo de saber si los participantes son parciales. Quién sabe, tal vez el grupo de muestra haya incluido sólo miembros de una organización que está en contra de los clones.

5. Como la estadística no puede ser aceptada como un hecho, no, el pasaje no contiene ningún hecho. La estadística sólo puede ser aceptada como una verdad tentativa. El resto de las afirmaciones son todas opiniones.

6. Esto es **b**, un *ad hominem*. El argumento rechaza la afirmación de Barry por la persona que es (alguien que cree en los OVNI), no por las razones por las que Barry piensa que debe comprar un Camry.

7. En realidad, este argumento no tiene ningún problema (**e**). Si el argumento fuera simplemente *"The last time we went…"*, entonces el que argumenta sería culpable de una generalización precipitada. Es probable que el restaurante haya tenido una mala noche. Pero si tres veces seguidas el servicio y la comida fueran malos, entonces es probable que no sea una mala decisión ir a otro lado.

8. Éste es **b**, un *non sequitur*. Simplemente porque Amos no tuvo problema con prestarnos su *Walkman,* no quiere decir que no le importaría prestarnos su auto. Hay una gran diferencia entre un *Walkman* y un automóvil.

9. Ésta es una falacia *post hoc*, **a**. El que argumento afirma que como meditó primero y luego ganó la lotería, que la meditación *causó* que ganara la lotería.

10. Ésta es una explicación circular, **b**. El hecho de que el puente *"is falling apart"* no explica por qué está *"in terrible condition",* lo cual es simplemente otra manera de decir lo mismo.

11. La conclusión más lógica que se puede sacar de estas evidencias es opción c, que todos los tres están involucrados. Anna perdió su trabajo hace poco, por lo que podría estar necesitada de dinero. El hecho de que recientemente haya vuelto a tasar sus alhajas le da otra razón por la que sospechar de ella, además de que se hayan robado únicamente las alhajas. Es más, el hecho de que el jefe de Louis haya cometido fraude de seguro en el pasado significa que se debe dudar de su credibilidad. Se podría inferir que el jefe de Louis haya cometido el robo, como no estuvo con Louis en ningún momento mientras Louis estaba en el trabajo. Incluso si el jefe de Louis no cometiera el robo, es probable que haya estado involucrado de alguna manera en la planificación del mismo. Es lógico asumir que Louis se haya quedado en el trabajo para que no se sospechara de él y por lo tanto hubiera necesitado que otro cometiera el delito.

12. El testimonio del jefe de Louis debe considerarse sospechoso. Como es probable que éste sea un caso de fraude de seguro, y su jefe fue culpable de esto mismo en el pasado, no es un testigo fiable ni se debe aceptar que corrobore la coartada de Louis.

¿Cómo le fue? Si respondió a todas las preguntas correctamente, ¡felicidades! Buen trabajo. Si perdió algunas, podría utilizar el cuadro siguiente para guiar su repaso.

Si falló:	Entonces estudie:
Pregunta 1	Lección 12
Pregunta 2	Lección 6
Pregunta 3	Lección 6
Pregunta 4	Lección 18
Pregunta 5	Lección 3
Pregunta 6	Lección 13
Pregunta 7	Lección 16
Pregunta 8	Lección 16
Pregunta 9	Lección 17
Pregunta 10	Lección 14
Pregunta 11	Lecciones 15 y 19
Pregunta 12	Lecciones 5 y 19

¡FELICIDADES!

Ha completado 20 lecciones y ha mejorado sus capacidades de razonamiento y pensamiento crítico. Si está preparándose para un examen estandarizado, fíjese en el apéndice A, el cual ofrece sugerencias sobre cómo prepararse y qué hacer durante los exámenes. Y no se olvide del apéndice B, que da sugerencias sobre cómo continuar mejorando sus capacidades de razonamiento y pensamiento crítico.

¡Éste es el momento de premiarse por un trabajo bien hecho!

PRUEBA DE EVALUACIÓN FINAL

Si quisiera medir cuánto han mejorado sus capacidades de razonamiento y pensamiento crítico a través de su trabajo con este libro, haga esta prueba de evaluación final. Aunque las preguntas son diferentes de las de la prueba de evaluación inicial, el formato es el mismo, por lo que podrá comparar los resultados. La única diferencia importante entre las dos pruebas es que la de evaluación final utiliza las palabras de vocabulario que ha aprendido a través de este libro.

Al completar esta prueba, califíquese, y luego compare su nota con la de la prueba de evaluación inicial. Si su nota ahora es mucho mejor que la que sacó en la prueba inicial, felicidades. Se ha beneficiado marcadamente del trabajo duro. Si su nota muestra poco mejoramiento, tal vez tenga que revisar algunos capítulos. ¿Nota algo en común entre los tipos de preguntas que le dieron problemas? Cualquiera sea la nota de esta prueba final, guarde este libro para poder repasar o referirse a él cuando necesite sugerencias sobre las capacidades de razonamiento.

Hay una hoja de respuestas que puede utilizar para llenar las respuestas correctas en la página siguiente. O, si prefiere, simplemente trace un círculo alrededor de los números de las respuestas en el libro. Si el libro no le pertenece, escriba los números 1-35 en una hoja de papel y registre sus respuestas en ella. Tómese todo el tiempo que necesite para hacer esta prueba corta. Cuando termine, compare sus respuestas con la clave de respuestas correctas que sigue a esta prueba. Cada respuesta le dice cuál de las lecciones de este libro le enseña a usar la estrategia de razonamiento que se encuentra en esa pregunta.

¡Suerte!

LearningExpress Skill Builders

LEARNINGEXPRESS ANSWER SHEET

1.	ⓐ	ⓑ	ⓒ	ⓓ	16.	ⓐ	ⓑ	ⓒ	ⓓ	31.	ⓐ	ⓑ	ⓒ	ⓓ
2.	ⓐ	ⓑ	ⓒ	ⓓ	17.	ⓐ	ⓑ	ⓒ	ⓓ	32.	ⓐ	ⓑ	ⓒ	ⓓ
3.	ⓐ	ⓑ	ⓒ	ⓓ	18.	ⓐ	ⓑ	ⓒ	ⓓ	33.	ⓐ	ⓑ	ⓒ	ⓓ
4.	ⓐ	ⓑ	ⓒ	ⓓ	19.	ⓐ	ⓑ	ⓒ	ⓓ	34.	ⓐ	ⓑ	ⓒ	ⓓ
5.	ⓐ	ⓑ	ⓒ	ⓓ	20.	ⓐ	ⓑ	ⓒ	ⓓ	35.	ⓐ	ⓑ	ⓒ	ⓓ
6.	ⓐ	ⓑ	ⓒ	ⓓ	21.	ⓐ	ⓑ	ⓒ	ⓓ					
7.	ⓐ	ⓑ	ⓒ	ⓓ	22.	ⓐ	ⓑ	ⓒ	ⓓ					
8.	ⓐ	ⓑ	ⓒ	ⓓ	23.	ⓐ	ⓑ	ⓒ	ⓓ					
9.	ⓐ	ⓑ	ⓒ	ⓓ	24.	ⓐ	ⓑ	ⓒ	ⓓ					
10.	ⓐ	ⓑ	ⓒ	ⓓ	25.	ⓐ	ⓑ	ⓒ	ⓓ					
11.	ⓐ	ⓑ	ⓒ	ⓓ	26.	ⓐ	ⓑ	ⓒ	ⓓ					
12.	ⓐ	ⓑ	ⓒ	ⓓ	27.	ⓐ	ⓑ	ⓒ	ⓓ					
13.	ⓐ	ⓑ	ⓒ	ⓓ	28.	ⓐ	ⓑ	ⓒ	ⓓ					
14.	ⓐ	ⓑ	ⓒ	ⓓ	29.	ⓐ	ⓑ	ⓒ	ⓓ					
15.	ⓐ	ⓑ	ⓒ	ⓓ	30.	ⓐ	ⓑ	ⓒ	ⓓ					

LearningExpress Skill Builders

PRUEBA DE EVALUACIÓN FINAL

Lea el pasaje siguiente y luego responda a las preguntas que siguen.

Joshua's 10-year-old stereo system has just died. He wants to buy a new one, but isn't sure what kind to get. He's on a tight budget but wants good quality – something that will last him for years. He has a large tape collection but for the last several months he's only bought CDs because he believes the quality is much better.

1. Which of the following most accurately presents the issues Joshua must consider, in order of priority?
   a. cost, quality, and brand name of system
   b. quality, cost, and components of system
   c. components, quality, and warranty for system
   d. trade-in value of old system and components of new system

2. Which of the following is probably the best choice for Joshua?
   a. a medium-quality stereo with CD player but no tape deck, regular price
   b. a high-quality stereo with a tape deck but no CD, regular price
   c. a high-quality stereo with CD player but no tape deck on sale for half price
   d. a low-quality stereo with CD player and tape deck, sale price

Escoja la mejor respuesta para cada una de las siguientes preguntas.

3. "These are the most beautiful paintings in the entire museum" is
   a. a fact
   b. an opinion
   c. a tentative truth
   d. none of the above

4. "The Liberty Bell has three cracks in it" is
   a. a fact
   b. an opinion
   c. a tentative truth
   d. none of the above

Señale los problemas que tengan las siguientes afirmaciones.

5. "He's been known to embellish the truth on occasion."
   a. "Embellish the truth" is a euphemism.
   b. "Embellish the truth" is a dysphemism.
   c. "On occasion" is vague.
   d. There's nothing wrong with this sentence.

LearningExpress Skill Builders

REASONING SKILLS SUCCESS CON INSTRUCCIONES EN ESPAÑOL

6. "Do you support the ban of nuclear and biological weapons that would leave us defenseless against those countries that will continue to build nuclear and biological warheads in secret?"
   a. The question uses a euphemism.
   b. The question uses a dysphemism.
   c. The question is loaded or biased.
   d. There's nothing wrong with this question.

7. "Give her a chance, Carl. She's a good person, and she's had a really hard time since her mother died. She's never worked in an office before, but you'll be giving her the first break she's had in a long time."
   a. The speaker is using peer pressure.
   b. The speaker is appealing to Carl's sense of pity.
   c. The speaker is using a red herring.
   d. There's nothing wrong with this passage.

8. "What does he know? He's a Republican."
   a. The speaker is presenting a straw man.
   b. The speaker is asking a loaded question.
   c. The speaker is presenting an *ad hominem* argument.
   d. There's nothing wrong with this passage.

9. "Tough-Scrub is tougher on dirt!"
   a. The ad is making an incomplete claim.
   b. The ad is appealing to our vanity.
   c. The claim the ad makes is untestable.
   d. There's nothing wrong with this ad.

10. "None of us are going to vote to make the employee lounge a non-smoking area, so neither are you, right?"
    a. The speaker is presenting a no in-betweens argument.
    b. The speaker is using circular reasoning.
    c. The speaker is using peer pressure.
    d. There's nothing wrong with this passage.

11. "I was going so fast, Officer, because I was in a hurry."
    a. The speaker is appealing to vanity.
    b. The speaker is using circular reasoning.
    c. The speaker is reversing cause and effect.
    d. There's nothing wrong with this passage.

12. "The average employee works only 45 hours a week and takes home $65,000 a year in salary. Not bad, eh?"
    a. The speaker has made a hasty generalization.
    b. The speaker has committed a *non sequitur*.
    c. The speaker's use of averages could be misleading.
    d. There's nothing wrong with this passage.

13. "If you have sinus trouble, you should try acupuncture. I had sinus troubles for years, and since I've been going to the acupuncturist for the last six months, I can breathe better, sleep better, and I have more energy. And it's painless."
    a. The speaker is using peer pressure.
    b. The speaker is presenting a circular explanation.
    c. The speaker is making a hasty generalization.
    d. There's nothing wrong with this passage.

14. "So the end result is that we either have to cut jobs or go out of business."
    a. The speaker has presented a no in-betweens fallacy.
    b. The speaker has presented a straw man.
    c. The speaker has presented a slippery slope scenario.
    d. There's nothing wrong with this passage.

15. "Music is based on numbers. I'm good with numbers, so I'd be a good musician."
    a. The speaker has committed a *non sequitur*.
    b. The speaker has committed an *ad hominem* fallacy.
    c. The speaker has made a hasty generalization.
    d. There's nothing wrong with this passage.

16. "The only thing those animal rights people want to do is make you believe that a monkey has all the same rights as a human being."
    a. The speaker is presenting a no in-betweens situation.
    b. The speaker is presenting a straw man.
    c. The speaker is using scare tactics.
    d. There's nothing wrong with this passage.

17. "I have succeeded because I was destined to succeed."
    a. The speaker is presenting a circular explanation.
    b. The speaker is presenting an untestable explanation.
    c. The speaker is reversing cause and effect.
    d. There's nothing wrong with this passage.

18. "If you start smoking cigarettes, next thing you know you'll be smoking marijuana, and then before you know it you'll be addicted to crack."
    a. The speaker is making a biased generalization.
    b. The speaker is presenting a *post hoc, ergo propter hoc* fallacy.
    c. The speaker is presenting a slippery slope argument.
    d. There's nothing wrong with this passage.

19. "I know you're concerned about whether or not I inappropriately allocated funds. But what you really should be worrying about is what Senator Hinckley is doing with his illegal campaign contributions!"
    a. The speaker is presenting a red herring.
    b. The speaker is committing an *ad hominem*.
    c. The speaker is using peer pressure.
    d. There's nothing wrong with this passage.

20. "Hey, Jim, have you gotten the new Pearl Jam album yet? I heard one song on the radio and it's awesome! This is their best album yet!"
    a. The speaker presents a circular explanation.
    b. The speaker is making a hasty generalization.
    c. The speaker is committing the *post hoc, ergo propter hoc* fallacy.
    d. There's nothing wrong with this passage.

En las siguientes situaciones, ¿cuál es la fuente más creíble?

21. You want to find out about the condition of a used pick-up truck you're thinking of buying.
   a. the truck's owner
   b. a friend who refurbishes used cars and trucks
   c. a used car salesman
   d. an independent garage mechanic

22. You want to find out about the quality of goods in an antique store.
   a. a friend who shops there all the time
   b. the store's owner
   c. an antique specialist
   d. a local historian

Lea cuidadosamente el siguiente argumento y responda a las preguntas que siguen.

(1) School should be in session year-round rather than just September through June. (2) Having the summer months off means that children spend the first two months reviewing what they learned the year before. (3) This is a waste of precious time. (4) Imagine how much more children would learn if they had an extra four months a year to learn new material. (5) In addition, with so many single-parent households and families where both parents have to work, child care in the long summer months is a serious financial burden on families. (6) Those who can't afford child care have no choice but to leave their children alone.

23. What is the main point (conclusion) of the argument?
   a. sentence 1
   b. sentence 2
   c. sentence 3
   d. sentence 4
   e. sentence 5

24. This conclusion is
   a. a fact
   b. an opinion
   c. a tentative truth

25. How many major premises support this conclusion?
   a. one
   b. two
   c. three
   d. four

26. Which of the following would most strengthen this argument?
   a. "Teachers across the country agree."
   b. "According to a *New York Times* survey, just one week of summertime child care costs an average of $250."
   c. "At least we should make summer camps more affordable and educational."
   d. "Studies show that children who read throughout the summer do better in the next school year."

27. Sentence 6 commits which of the following fallacies?
   a. red herring
   b. straw man
   c. no in-betweens
   d. *non sequitur*

Lea el pasaje siguiente y luego responda a las preguntas que siguen.

Every day for the last six weeks, LeeAnne has been doing yoga before work in the morning. Since then, she has noticed that she is more relaxed. She has also been given an award for her dedication at work and been asked out on several dates. Furthermore, she has noticed an increase in her appetite.

28. Which of the following is very likely to be the result of her yoga?
   a. that she is more relaxed
   b. that she is being asked out on dates
   c. that she has gotten an award at work
   d. **a** and **c**

29. If LeeAnne were to claim that her social life has improved because of her yoga, which of the following would be true?
   a. She'd be making a hasty generalization.
   b. She'd be committing the *post hoc, ergo propter hoc* fallacy.
   c. She'd be reversing cause and effect.
   d. She wouldn't be committing any logical fallacies.

Rhonda wants to plant a flower garden in her yard. She knows she needs to do each of the following:
   1. Decide which flowers she likes best
   2. Find out which flowers grow best in her climate
   3. Buy gardening equipment
   4. Design the flower garden

30. In which order should Rhonda take the steps listed above?
   a. 1, 2, 3, 4
   b. 4, 3, 2, 1
   c. 2, 1, 3, 4
   d. 2, 1, 4, 3

You would like to find out whether burglary has increased or decreased in your area since the new low-income housing developments went up in your neighborhood. You get the crime reports for the last ten years and compare them. You see that there has indeed been a dramatic increase in the number of burglaries in the last five years.

31. For which of the following reasons is your comparison invalid?
   a. Your comparison doesn't consider who committed those burglaries.
   b. Your comparison doesn't take into consideration the changes in population size during that time period.
   c. Your comparison doesn't consider that the police department may have revised its definition of "burglary" in the last ten years.
   d. both **a** and **c**
   e. both **b** and **c**

32. Which of the following could you logically conclude from your comparison?
   a. The increase in population is probably the chief cause of any increase in the number of burglaries.
   b. People from low-income families are more likely to commit burglaries than middle-class people.
   c. The number of burglaries in a given area is likely to rise when the police force is reduced.
   d. The overall lack of morals in people today is probably the chief cause of any increase in the number of burglaries.

33. If you were to survey people in your neighborhood about crime, which approach would be most likely to get you the most accurate results?
   a. surveying people who've lived in your neighborhood for at least ten years
   b. surveying people who've lived in your neighborhood for less than five years
   c. surveying random people shopping at Bloomingdale's
   d. surveying random people at the neighborhood's two grocery stores

Michelle has a list of chores she needs to get done before 5:00. She needs to vacuum, but she can't do that between 10–12 or 2–4 because the baby will be sleeping. She needs to do yesterday's dishes, but she can't do that between 9–10 or 12–1 because she and the baby will be eating. She needs to cook dinner, but she can't do that until she does yesterday's dishes, and she wants to do that as close to dinnertime as possible. She also needs to dust, but she wants to do that before she vacuums.

34. Which of the following is the best schedule for Michelle?

	10:00–12:00	1:00–2:00	2:00–4:00	4:00–5:00
a.	vacuum	dust	cook	dishes
b.	dust	vacuum	dishes	cook
c.	dust	dishes	vacuum	cook
d.	dishes	cook	dust	vacuum

Brenda is hosting a dinner party. On one side of the table, Ed (E) is sitting next to Mary (M). There are two seats between Annabelle (A) and Mary. Annabelle is next to Carl (C). Carl is one seat away from Mary. Roger (R) is at one end of the table.

35. In which order are these guests sitting?
   a. R, A, C, E, M
   b. R, C, M, E, A
   c. E, M, A, C, R
   d. M, C, R, A, E

CLAVE DE RESPUESTAS CORRECTAS

Si contesta mal a alguna de las preguntas, puede encontrar ayuda para ese tipo de pregunta en la lección indicada a la derecha de la respuesta.

1. b. Lección 2
2. c. Lección 2
3. b. Lección 3
4. c. Lección 3
5. a. Lección 6
6. c. Lección 6
7. b. Lección 11
8. c. Lección 13
9. a. Lección 5
10. c. Lección 11
11. b. Lección 12
12. c. Lección 5
13. d. Lecciones 7–9
14. a. Lección 12
15. a. Lecciones 15, 16
16. b. Lección 13
17. a. Lección 14
18. c. Lección 12
19. a. Lección 13
20. b. Lecciones 15, 16
21. d. Lección 4
22. c. Lección 4
23. a. Lección 7
24. b. Lección 3
25. b. Lección 7
26. b. Lecciones 7–9
27. c. Lección 12
28. a. Lecciones 15, 17
29. b. Lección 17
30. d. Lecciones 2, 19
31. e. Lecciones 15, 18, 19
32. a. Lecciones 15, 18, 19
33. d. Lección 18
34. b. Lecciones 15, 19
35. a. Lecciones 15, 19

LearningExpress Skill Builders

A·P·É·N·D·I·C·E
PREPARÁNDOSE PARA UN EXAMEN ESTANDAR

La mayoría de nosotros nos ponemos nerviosos al tomar un examen, especialmente si estos son estandarizados, es decir, en los cuales nuestros puntajes pueden tener un significado impactante en nuestros futuros. El nerviosismo es natural e incluso puede ser beneficioso si uno aprende a canalizarlo correctamente en energía positiva.

Las siguientes páginas proven sugerencias para sobrepasar la ansiedad de tomar un examen tanto en los días y semanas antes del examen como durante el mismo.

DOS O TRES MESES ANTES DEL EXAMEN

El mejor método de combatir la ansiedad de un examen es estar preparado. Eso significa dos cosas: saber lo que se espera ver en el examen y revisar el material y las técnicas que serán examinadas.

SEPA QUÉ ESPERAR

¿Qué conocimiento o habilidad serán examinados en la prueba? ¿Qué es lo que se espera qué usted sepa? ¿Qué habilidades está usted supuesto a demostrar? ¿Cuál es el formato de la prueba? ¿De alternativa múltiple, falso o verdadero, ensayo? Si es posible vaya a la biblioteca o a la librería y obtenga una guía de estudio que le demuestre con un ejemplo cómo será el éxamen. O quizás, la agencia que está administrando la prueba para que usted obtenga un trabajo, provee guías de estudio o conduce secciones de tutoría. Mientras más sepa qué esperar, más confiado se sentirá para responder las preguntas.

LearningExpress Skill Builders

REVISE EL MATERIAL Y LAS HABILIDADES EN LAS QUE USTED SERÁ EXAMINADO

El hecho de que usted esté leyendo este libro significa que ya ha tomado los pasos necesarios en relación a lectura y comprensión. Ahora, ¿hay otros pasos que usted necesita tomar? ¿Hay otras areas temáticas que usted necesita revisar? ¿Puede hacer más mejoras en esta u otra area? Si realmente usted está nervioso o si es que ha pasado mucho tiempo desde la última vez que usted revisó el material, se sugiere que quizás es mejor que compre una nueva guía de estudio, tome una clase en su vecindario o trabaje con un tutor.

Mientras más sabe usted lo que se espera en el examen y mientras más confiado se sienta usted con el material o las habilidades a ser evaluadas menos ansioso se sentirá y le irá mejor en el examen.

LOS DÍAS ANTES DEL EXAMEN

REVISE, NO ESTUDIE A LA RÁPIDA

Si usted ha estado preparándose y revisando el material durante las semanas antes del éxamen, no hay necesidad de que se desespere días antes de tomarlo. Es muy probable que el estudiar a la rápida lo confunda y le haga sentir nervioso. En lugar de eso, establezca un horario para revisar relajadamente todo lo que usted ha aprendido.

ACTIVIDAD FÍSICA

Haga ejercicios antes del día del éxamen. Al hacerlo enviará más oxígeno a su cerebro y permitirá que su función de razonamiento aumente en el día que tome el examen. Aquí, moderación es la palabra clave. Usted no quiere hacer muchos ejercicios para que después se sienta totalmente exhausto, pero un poco de actividad física dará vigor a su cuerpo y cerebro. Caminar es un ejercicio muy bueno, de bajo impacto y promotor de energía.

DIETA BALANCEADA

Como su cuerpo, su cerebro, para funcionar, necesita los nutrientes apropiados. Antes del día del examen coma fruta y vegetales en abundancia. Comidas que sean altas en contenido de lecitina, como por ejemplo pescado y habichuelas que son buenas selecciones. La lecitina es una proteína su cerebro necesita para optimizar su actividad. Incluso, semanas antes del examen, usted puede considerar una visita a su farmacia local para comprar una botella de lecitina en tabletas.

DESCANSO

Duerma bien antes de tomar el examen. Pero no se exceda o quedará un tanto adormilado que es como si estubiese cansado. Vaya a dormir a una hora razonable, lo suficientemente temprano como para tener unas cuantas horas que le permitan funcionar efectivamente. Usted se sentirá relajado y descansado si usted puede dormir bien durante los días previos al día del examen.

MARCHA DE ENSAYO

Cualquier momento antes de tomar el examen, haga una marcha de ensayo al lugar donde se va a llevar a cabo el examen para ver cuanto tiempo le toma llegar allá. El apresurarse incrementa su energía emocional y rebaja su capacidad intelectual, entonces, usted tiene que darse tiempo suficiente para llegar al lugar donde se administrará el examen. Llegar diez o quince minutos antes le da tiempo suficiente para calmarse y ubicarse.

MOTIVACIÓN

Para después del examen, planee algo así como una celebración—con su familia y amigos o simplemente usted solo. Asegúrese que va a ser algo esperado y que le va a gustar. Si usted tiene algo que realmente espera después de tomar el éxamen, usted podrá prepararse y avanzar más facilmente durante el examen.

APÉNDICE: PREPARÁNDOSE PARA UN EXAMEN ESTANDAR

EL DÍA DEL ÉXAMEN

Finalmente ha llegado el gran día esperado, el día del examen. Ponga su alarma lo suficientemente temprano para darse el tiempo necesario que requiere llegar al lugar donde el examen tomará lugar. Tome un buen desayuno. Evite todo lo que tenga un alto contenido de azucar, como por ejemplo donuts. Si bien una sobredosis de azúcar hace que uno se sienta alerta y despierto, ésto solo dura por una hora más o menos. Cereal y tostadas, o algo que contenga en alto contenido de carbohidratos es la mejor opción. Coma en moderación. No debe tomar el examen con el estómago muy lleno ya que su cuerpo en lugar de canalizar todas las energías a su cerebro, las canalizará a su estómago.

Empaque entre sus cosas un bocado alto en contenido energético para que así, si es que hay un descanso intermedio durante el examen, usted pueda comer algo. Bananas son lo mejor ya que tienen un contenido moderado de azucar y suficientes nutrientes cerebrales, como por ejemplo, potasio. La mayor parte de los procuradores de exámenes no dejan que uno coma cuando uno está tomando el examen, pero un dulce de menta no es un gran problema. Los dulces de menta son como sales aromáticas para el cerebro. Si usted pierde su concentración o sufre de una momentánea perdida de memoria, un dulce de menta le puede poner otra vez en forma. No se olvide de la anterior recomendación sobre el relajarse y tomar unos cuantos suspiros profundos.

Salga lo suficientemente temprano para así tener el tiempo suficiente de llegar al lugar del examen. Dese unos cuantos minutos extras por si hay un excesivo tráfico. Cuando llegue, ubique el servicio y úselo. No muchas cosas interfieren con la concentración como el tener una vejiga llena. Seguidamente encuentre su asiento y asegúrese de que esté cómodo. Si no es así, dígaselo al procurador y trate de encontrar un lugar más adecuado.

Ahora relájese, y piense positivamente. Antes de que pueda darse cuenta, el examen terminará y usted saldrá de éste sabiendo que ha hecho un buen trabajo.

CÓMO DOMINAR LA ANSIEDAD DE UN EXAMEN

Bueno, usted sabe el material incluido en el examen. Usted ha revisado los temas y practicado las técnicas que serán evaluadas. Entonces, ¿porqué sigue sintiendo cosquilleos en el estómago?, ¿porqué tiene las palmas sudorosas y las manos temblorosas?

Incluso los más brillantes, mejor preparados examinantes a veces sufren de ataques de ansiedad antes de una prueba. Pero no se preocupe, usted puede sobrepasarlo. A continuación una lista de estrategias que le pueden ser útiles.

TOME EL EXAMEN RESPONDIENDO PREGUNTA POR PREGUNTA

Toda su atención debe estar enfocada en la pregunta que está contestando. Borre de su mente pensamientos relacionados con preguntas ya contestadas o elimine preocupaciones de lo que viene después. Ponga toda su concentración donde le sea más beneficioso, en la pregunta que actualmente está contestando.

ADQUIERA UNA ACTITUD POSITIVA

Recuerdese a sí mismo que usted está preparado. A propósito si usted leyó este libro o algún otro de la serie del Learning Express, probablemente usted esté mejor preparado que la mayor parte de aquellos que estan tomando el examen. Recuerde que es solo una prueba y que usted tratará de hacerlo lo mejor posible. Eso es todo lo que se puede pedir de usted. Si esa voz de sargento dentro de su cabeza comienza a enviarle mensajes negativos, combátalos con sus propios mensajes positivos. Dígase a sí mismo:

LearningExpress Skill Builders **161**

- "Lo estoy haciendo bastante bien."
- "Estoy preparado para este examen."
- "Yo sé exactamente lo que tengo que hacer."
- "Yo sé que puedo obtener el puntaje que deseo."

Usted se puede imaginar. Recuerde de reemplazar mensajes negativos con sus propios mensajes positivos.

SI USTED PIERDE SU CONCENTRACIÓN

No se preocupe mucho. Es normal. Durante un examen largo, le pasa a todo el mundo. Cuando la mente está muy tensa o cansada, quieralo usted o no, ésta toma un descanso. Es fácil el volver a concentrarse si es que usted se da cuenta de que la ha perdido y que necesita tomar un descanso. Su cerebro necesita muy poco tiempo para descansar (a veces es questión de segundos).

Ponga de lado su lápiz y cierre los ojos. Respire profundo, y exhale muy lentamente. Escuche el sonido de su respiración mientras repite este ejercicio dos o más veces. Los pocos segundos que esto toma es el tiempo necesario que su cerebro necesita para relajarse y alistarse para poder enfocarse nuevamente. Este ejercicio también le ayudará a controlar los latidos de su corazón para así poder mantener la ansiedad al margen.

SI USTED SE LLEGA A PARALIZAR

No se preocupe por una pregunta que le hace tropezar incluso si usted sabe su respuesta. Márquela y siga adelante con la siguiente pregunta. Usted puede regresar a la pregunta más tarde. Trate de ponerla completamente de lado hasta que pueda regresar a ella. Deje que su subconciente trabaje en esa pregunta mientras que su conciencia se enfoca en otras cosas (una por una, naturalmente). Lo más probable es que este olvido pasajero pase cuando usted pueda volver a esa pregunta.

Si usted se paraliza antes de comenzar la prueba, esto es lo que tiene que hacer:

1. Haga ejercicios de respiración ya que le ayudarán a relajarse y enfocarse.
2. Recuérdese que usted está preparado.
3. Tome su tiempo para repasar el examen.
4. Lea algunas de las preguntas.
5. Decida cuáles son las más fáciles de contestar y comience por ellas.

Antes de nada usted estará listo.

ESTRATEGIAS PARA CONTROLAR EL TIEMPO

Uno de los elementos más importantes como también más horripilantes de un examen estandarizado es el tiempo. Ya que usted tendrá solamente un cierto número de minutos para cada sección, es muy importante que use sabiamente su tiempo.

MIDA SU VELOCIDAD

Una de las más importantes estrategias es el poder medir su velocidad. Antes de empezar, tome unos segundos para revisar el examen anotando siempre el número de preguntas y secciones que son más fáciles que el resto del examen. A continuación haga un horario estimado basándose en el tiempo que usted tenga para tomar el examen. Marque la parte central del examen y anote al lado de esta marca la hora que será cuando la mitad del tiempo del examen haya pasado.

SIGA ADELANTE

Una vez que haya comenzado a tomar el examen no pare. Si usted se dispone a trabajar lentamente con la idea de hacer menos errores, su mente se cansará y comensará a divagar. Entonces, usted terminará por

APÉNDICE: PREPARÁNDOSE PARA UN EXAMEN ESTANDAR

hacer más errores porque no está concentrándose. Pero aún, si usted se toma mucho tiempo en responder las preguntas, terminará perdiendo el tiempo antes de que pueda haber finalizado.

No pare si encuentra preguntas difíciles. Déjalas para más adelante y siga con las otras preguntas, usted puede regresar a ellas más tarde, si es que le queda tiempo suficiente. Una pregunta que le puede tomar en contestar más de cinco segundos, cuenta igual que otra que le puede tomar más tiempo en contestar. Entonces, elija primero las preguntas que tienen menos puntaje. Además que el contestar las preguntas fáciles primero le ayudarán a ganar más confianza y a que se acondicione al examen. Quien sabe si a medida que toma el examen, usted encuentre información relacionada con aquellas preguntas más difíciles.

NO SE APRESURE

Siga avanzando, pero no se apresure. Piense que su mente es un serrucho; en uno de sus lados está la energía emocional, y en el otro la energía intellectual. Cuando su energía emocional es alta, su capacidad intellectual es baja. Recuerde lo difícil que es razonar con alguien cuando usted se encuentra enojado. Por otra parte, cuando su energía intellectual está alta, su energía emocional es baja. El apresurarse eleva su energía emocional y reduce su capacidad intellectual. ¿Recuerda la última vez que llegó tarde al trabajo? Toda esa prisa causó que usted se olvidase de algo importante, como por ejemplo, su almuerzo. Tome el examen rápidamente para que su mente no empiece a distraerse, pero no se apresure y termine agitado.

CONTRÓLESE A SÍ MISMO

Contrólese en la mitad del examen. Si usted está muy avanzado, usted sabe que está por buen camino, y que inclusive tendrá un poco de tiempo para revisar sus respuestas. Si usted está un tanto retrasado, usted tiene las siguientes opciones: Usted puede incrementar la velocidad en que responde las preguntas, pero sólo haga esto si es que usted se siente cómodo con las preguntas, o puede usted saltar algunas preguntas para poder ganar algunos puntajes con las repuestas más fáciles. De todas maneras, esta estrategia tiene una desventaja, por ejemplo, si usted toma un examen donde tiene que marcar sus repuestas en círculos, si usted marca una pregunta correcta en el círculo incorrecto, sus preguntas serán evaluadas como malas. Ponga mucha atención en el número de pregunta si es que usted decide hacer eso.

EVITAR LOS ERRORES

Cuando tome el examen usted quiere hacer los errores menos posibles. A continuación algunas tácticas para recordar.

CONTRÓLESE

¿Recuerda la analogía que se hizo de su mente con un serrucho? Mantener baja su energía emocional y su capacidad intelectual alta, es la mejor manera de evitar hacer errores. Si usted se siente fatigado o preocupado, pare por unos cuantos segundos. Reconozca el problema (Ummm, siento un poco de presión en este momento), suspire profundamente un par de veces, y piense en algo positivo. Esto le ayudará a aliviar su ansiedad emocional e incrementará su capacidad intelectual.

DIRECCIONES

En muchos exámenes estandarizados, muchas veces un procurador lee las instrucciones en voz alta. Asegúrese de que usted entiende todo lo que se requiere en el examen. Si todo no está claro, pregunte. Escuche cuidadosamente las instrucciones para poder contestar las preguntas y asegúrese del tiempo que tiene para com-

LearningExpress Skill Builders

pletar el exámen. Si es que no sabe cuánto tiempo va a durar el examen, escriba el tiempo de su duración en el examen. Si usted no tiene toda esta información importante, pregunte para obtenerla. Usted la necesita para poder rendir bien en el examen.

RESPUESTAS

Este consejo puede parecer un poco tonto pero es de mucha importancia. Coloque sus respuestas en los espacios en blanco o márquelas en los círculos correspondientes en la hoja de respuestas. Preguntas correctas en el lugar equivocado no tienen ningún valor, incluso le pueden quitar puntaje. Es una buena idea revisar cada cinco o diez preguntas para asegurarse de que está en la sección correcta, de esta manera, si usted comete un error, no tiene que borrar por completo todo el examen.

LOS PASAJES DE LECTURA Y COMPRENSIÓN

Los exámenes estandarizados muy a menudo ofrecen una sección diseñada para evaluar su capacidad de lectura y comprensión. La sección de lectura generalmente contiene pasajes de un párrafo o más. A continuación algunas tácticas para trabajar con estas secciones.

Esto puede sonar un tanto extraño, pero algunas preguntas se pueden contestar si haber leído el pasaje. Si el pasaje es corto (cuatro oraciones más o menos), lea las preguntas primero. Usted puede responder las preguntas usando el sentido común. Puede revisar sus respuestas más tarde, despues de que haya leído el pasaje. Sin embargo, si usted no está seguro no adivine; lea el pasaje cuidadosamente. Si usted no puede contestar ninguna de las preguntas, usted igual sabrá qué buscar cuando lea el pasaje. Esto focaliza su lectura y facilita que usted retenga información importante. Muchas de las preguntas se relacionan con detalles aislados del pasaje. Si de antemano usted sabe qué buscar, es más fácil encontrar la información.

Si una selección de lectura es larga y contiene más de diez preguntas, le tomará un tiempo el leer todas las preguntas primero. De todas maneras, tómese un par de segundos para revisar las preguntas y leer aquellas que son cortas. Seguidamente lea activamente el pasaje. Márquelo y si usted encuentra una oración que parece establecer la idea principal, subráyela. A medida que usted lea el resto del pasaje, enumere los puntos que apoyan la idea principal. Muchas preguntas se relacionarán con esa información. Si está subrayada o enumerada, usted puede localizarla facilmente. Otras preguntas pedirán información más detallada. Encierre en un círculo información referente a quién, qué, cuándo y dónde. Los círculos serán fácil de localizar si es que usted se encuentra con una pregunta que requiere información específica. Marcar un pasaje de esta manera, también ayuda a realizar su concentración y hace que muy probablemente usted vaya a recordar la información cuando se prepare a responder las preguntas del pasaje.

ELEGIR LAS RESPUESTAS CORRECTAS POR PROCESO DE ELIMINACIÓN

Asegúrese del contenido de la pregunta. Si usted no está seguro de lo que se está preguntando, nunca sabrá si ha elegido la respuesta correcta. Figure que es lo que la pregunta está indicando. Si la respuesta no es muy obvia, busque por señas en las otras opciones de preguntas. Note las similitudes y las diferencias en las selecciones de repuestas. A veces, esto ayuda a ver la pregunta desde una nueva perspectiva y facilita responderlas. Si usted no está seguro de la respuesta, use el proceso de eliminación. Primero, elimine cualquier posible respuesta que sea obviamente incorrecta. Luego estudie las demás posibilidades. Usted puede usar información relacionada que se encuentra en otras partes del exámen. Si usted no puede eliminar ninguna de las repuestas posibles, es mejor que salte la pregunta, continúe con otra, y regrese a esta más tarde. Si usted todavía sigue teniendo el mismo problema de eliminación más tarde, adivine sus repuestas y continue tomando el exámen.

SI USTED ES PENALIZADO POR CONTESTAR RESPUESTAS INCORRECTAS

Antes del exámen, usted debe saber si es que hay algun castigo por contestar respuestas incorrectas. Si usted no está seguro, pregunte al procurador antes de que comience el exámen. Si es que usted puede adivinar o no, depende del castigo. Algunos exámenes estandardizados son evaluados de una manera tal que por cada respuesta incorrecta, se reduce el puntaje a un cuarto o la mitad de un punto. Cualquiera que sea la penalidad, si usted puede eliminar las suficientes opciones, para así lograr reducir la posibilidad de ser penalizado por contestar respuestas incorrectas, elimine las más que pueda.

Imaginémosnos que usted está tomando un examen en el cual cada pregunta tiene cuatro opciones y usted será penalizado con un cuarto de punto por cada respuesta equivocada. Si usted no tiene idea alguna y no puede eliminar ninguna de las preguntas, es mejor que deje la respuesta sin contestar, ya que la posibilidad de responder con la respuesta correcta es una de cada cuatro. Esto hace que la penalidad y la posibilidad sean iguales. De todas maneras, si usted puede eliminar una de las posibles respuestas, las posibilidades están ahora en su favor. Usted tiene la opción de uno en tres de responder la pregunta correctamente. Afortunadamente, muy pocos exámenes son evaluados usando este sistema tan elaborado, pero si su examen es uno de ellos, esté al tanto de las penalidades y calcule sus opciones antes de adivinar una pregunta.

SI USTED TERMINA TEMPRANO

Use cualquier tiempo que le quede al final del examen o al final de una sección para revisar su trabajo. Primero, asegúrese de que puso las respuestas en el lugar adecuado y mientras hace esto también asegúrese de que contestó cada pregunta una sola vez. Muchos de los exámenes estandarizados son evaluados de una manera en la cual preguntas con más de dos respuestas son marcadas como incorrectas. Si usted ha borrado una repuesta, asegúrese de que lo ha hecho bien. Observe por marcas o borrones que puedan interferir con la evaluación del mismo.

Después de haber revisado estos posibles errores, revise una vez más las preguntas más difíciles. Si bien quizás usted haya oído la creencia popular de que es mejor no cambiar una pregunta, no tome este consejo seriamente. Si usted tiene una buena razón para creer que una respuesta está incorrecta, cámbiela.

DESPUÉS DEL EXAMEN

Una vez que haya terminado, felicítese a sí mismo. Usted ha trabajado bastante para prepararse. Ahora es hora de que se relaje y entretenga. ¿Recuerda aquella celebración que planeó antes del examen? Ahora es tiempo de que la celebre.

¡BUENA SUERTE!